Laurent de la CLERGERIE
en collaboration avec Pierre GUILLEMETTE

Osez la semaine de 4 jours !

L'alternative pour allier bien-être et efficacité

Ce livre a été publié sur www.bookelis.com

ISBN : 979-10-359-9765-6

Table des matières

Avant-propos

« Tu es fou, Laurent, ça ne marchera jamais ! ». Voilà ce que me disaient la plupart des chefs d'entreprise, il y a quelques années, quand j'évoquais l'idée de mettre en place la semaine de 4 jours chez LDLC. Certains d'entre eux m'accusaient même de vouloir détruire la « valeur travail », quand ils n'estimaient pas tout simplement que j'étais en train de perdre mon temps, ou m'expliquaient encore qu'on ne gère pas une boite comme une « O.N.G. ». Le bien-être au travail pourquoi pas, mais pas à n'importe quel prix.

À leurs yeux, les 35 heures avaient déjà fait suffisamment de dégâts, c'était donc une hérésie de vouloir aller plus loin : au fond, l'idéal aurait même été de revenir aux 39 heures !

Certes, cette idée de semaine de 4 jours pouvait légitimement être perçue comme une véritable provocation, puisque j'avais décidé de l'assortir d'une durée du travail de 32 heures, sans baisse des salaires. J'avais même annoncé que si besoin, nous recruterions le personnel nécessaire pour compenser les heures de travail perdues, car le but n'était pas de rajouter de la pression aux équipes, bien au contraire.

Cela dit, à cette époque, la mesure ne concernait que nous. J'en assumais les coûts à venir que j'estimais autour de 5% de la masse salariale ainsi que les risques de la mise en place. Et je n'aurai jamais pris autant le temps d'en débattre plus largement et d'en parler, si la suite de l'histoire ne m'avait finalement pas surpris moi-même.

Pour autant, cela méritait-il une telle levée de boucliers ?

Car au juste, de quoi parle-t-on ?
De travailler quelques heures de moins seulement. Et de condenser le temps de travail sur quatre jours au lieu de cinq pour bénéficier d'un jour de repos supplémentaire (l'objectif étant de retrouver un meilleur équilibre dans notre monde hyperconnecté qui tend à effacer la frontière entre vie professionnelle et vie personnelle). Chez LDLC, nous sommes passés à la semaine de 4 jours le 25 janvier 2021. Ce fut une belle façon de fêter ce même jour le vingt-cinquième anniversaire de l'entreprise. Et croyez-moi sur parole : pour rien au monde nous ne reviendrions en arrière. Car la réalité est celle-ci : les salariés sont heureux de venir travailler. Il n'y pas de stress, pas de surmenage, et encore moins l'envie d'aller voir ailleurs. Certes, lorsque j'ai annoncé cette décision en interne, de

nombreux collaborateurs ont émis des inquiétudes. Certains craignaient de ne pas réussir à boucler leur travail en quatre jours. D'autres, à l'inverse, se demandaient ce qu'ils allaient bien pouvoir faire d'une journée supplémentaire de liberté. Mais en définitive, tous s'accordent sur un point : un jour de travail en moins, ça fait toute la différence, ça change la vie.

L'idée de mettre en place la semaine de 4 jours dans mon entreprise m'est venue fin 2019, lorsque, en lisant la presse, je suis tombé sur un article relatant l'expérience de Microsoft au Japon. Au mois d'août cette année-là, les 2 300 salariés tokyoïtes du géant informatique se sont rendus au bureau quatre jours par semaine au lieu de cinq, du lundi au jeudi.

Pourquoi la firme de Bill Gates a-t-elle réfléchi à cette mesure ? Sans doute parce qu'au Japon, le dévouement à l'entreprise n'est pas aussi vertueux qu'on le pense. Saviez-vous qu'en moyenne, un salarié japonais utilise à peine la moitié de ses congés payés ? Et qu'en dépit d'une durée du travail fixée à 40 heures hebdomadaires, plus d'un salarié sur cinq dépasse les 49 heures par semaine ? Cette abnégation n'est pas sans conséquence sur les entreprises, qui doivent fonctionner avec un personnel fatigué, voire épuisé.

De fait, les résultats obtenus par Microsoft sont sans appel : en l'espace d'un mois, l'entreprise a augmenté sa productivité de 40 %. En parallèle, elle a aussi enregistré une baisse de sa consommation d'électricité (-23 %), et, plus surprenant, une chute des impressions papier (-60 %).

Certes, l'expérience n'a duré qu'un mois. On peut donc y voir une sorte d'effet placebo : les salariés auront fait leur maximum durant ces quatre semaines pour que la mesure soit pérennisée. Mais pour ma part, toujours à la recherche de moyen d'améliorer les conditions de travail, ce bilan a surtout piqué ma curiosité, si bien que je me suis empressé d'aller voir si d'autres initiatives similaires avaient été mises en place ailleurs dans le monde. C'est le cas : la semaine de 4 jours a été expérimentée avec succès dans le service public islandais, chez British Telecom au Royaume-Uni, ou encore dans l'entreprise néo-zélandaise Perpetual Guardian (qui a définitivement adopté cette organisation).

Et finalement, chez nous aussi, la semaine de 4 jours a porté ses fruits. Deux ans après l'avoir instaurée, j'ai acquis la conviction que l'expérience qui devrait être nôtre peut en réalité être étendue à de nombreuses entreprises, dans de multiples secteurs d'activité, avec, à la clé, des effets spectaculaires sur le bien-être et la productivité des salariés. Car pour le coup, cette semaine de 4 jours a produit chez LDLC des effets bien supérieurs à tout ce que j'avais osé imaginer.

Aujourd'hui d'ailleurs je ne parle plus d'une mesure qui améliore la QVT (qualité de vie au travail) ou la QVCT (qualité de vie et des conditions de travail), mais d'une mesure qui améliore la QV ou QVTC (qualité de vie tout court !), car les effets induits sont bien au-delà de la vie « au travail ».

La réflexion

Travaille-t-on vraiment moins qu'avant ?

C'est une croyance que nous partageons tous : le travail occupe une part de plus en plus minime dans nos vies. Depuis 1936, année de l'introduction de la semaine de 40 heures et des congés payés, les acquis sociaux n'ont cessé de progresser. En 1956, les Français obtiennent une troisième semaine de congés payés. Puis, en 1969, le gouvernement Couve de Murville met en place la quatrième semaine – généralisant à tout le pays une pratique en vigueur chez Renault depuis le début de la décennie. Douze ans plus tard, sous le gouvernement Mauroy, la France gagne une cinquième semaine de congés et passe aux 39 heures hebdomadaires. Et enfin, vous vous en souvenez : en 2000, tout le pays adopte les 35 heures, à l'exception des entreprises de moins de 20 salariés qui bénéficient de deux ans supplémentaires pour s'adapter.

Le débat de fond sur la réduction du temps de travail, lui, n'a guère évolué. Entre politiques de gauche et de droite, les arguments sont toujours les mêmes : pour les premiers, la baisse de la durée légale du travail constitue un progrès social, tandis que pour les seconds, elle est une entrave à la compétitivité du pays et à la liberté d'entreprendre. Toutefois, quand on regarde les statistiques de l'OCDE[1], on se rend compte que malgré les 35 heures, nos semaines ne sont pas moins chargées que celles de nos voisins. En 2020, un salarié français travaillait en moyenne 36,5 heures par semaine, soit davantage qu'un Britannique (36,3) ou qu'un Espagnol (36,4), mais moins qu'un Luxembourgeois (37,3). En revanche, à l'année, si nous sommes toujours devant les Britanniques, nous faisons moins bien que les Espagnols, qui travaillent 175 heures de plus que nous.

Ces statistiques sont sans doute discutables. Et c'est précisément là où je veux en venir : si nous débattons continuellement de la durée du travail, c'est parce que nous sommes aujourd'hui incapables d'examiner un autre paramètre : la productivité réelle par heure travaillée. En effet, à mesure que notre

---

1 - Durée moyenne hebdomadaire habituelle du travail dans l'emploi principal, OCDE.

économie s'appuie sur des métiers de plus en plus qualifiés, et de plus en plus tertiaires, la véritable productivité horaire d'un salarié devient de plus en plus difficile à mesurer. Elle est loin, l'époque du taylorisme où l'on pouvait, en découpant la chaîne de production en une succession de tâches simples, déterminer des cadences et garantir une certaine productivité horaire ! Aujourd'hui, qui peut dire combien de temps il faut à un graphiste pour produire une illustration, à un commercial pour convertir un prospect en client ? Pourquoi ne pas croire qu'il soit possible d'améliorer la productivité en rééquilibrant la journée ou la semaine de travail ? Car il faut bien l'admettre : sans connaître la productivité moyenne de chaque métier, nous ne pouvons pas nous faire une idée de la façon dont les cadences de travail ont évolué au cours des dernières décennies. Un salarié d'aujourd'hui produit-il vraiment moins que ses parents, qui étaient aux 39 heures, mais qui n'avaient pas accès à la technologie dont nous disposons aujourd'hui ? Cette même technologie qui est censée nous aider, ne nous oblige-t-elle pas inversement aussi à réfléchir plus vite et ne met-elle pas sous pression nos capacités cognitives ?

Prenons l'exemple de la comptabilité : je suis sûr que parmi vous, certains se souviennent de ces calculatrices avec lesquelles on additionnait sur un rouleau toutes les opérations de la journée – au préalable relevées à la main et inscrites dans un livre de comptes par les équipes. Si l'on commettait une erreur en inscrivant l'opération dans le livre, il fallait gratter la page à la lame de rasoir en s'efforçant de ne pas l'abîmer. Mon père et mon oncle consacraient une partie de leur temps à faire cela. Aujourd'hui, grâce à l'informatique, aux codes-barres et aux scans automatiques, ce type d'opération est réalisé bien plus rapidement, et sans aucune erreur.

Mais le progrès technologique n'est pas sans répercussion sur l'humain : l'informatique et les TIC ont intensifié le travail, dans des proportions difficiles à établir. Il y a quelques années, une étude de l'INRS[2] montrait qu'en logistique (où il est possible de mesurer la productivité horaire), l'utilisation d'un système de *voice picking* [3] permettait à un préparateur de commandes de traiter une ligne de commande en seulement 14 secondes – soit trois fois moins qu'à l'époque où on utilisait des bordereaux papier ! Pour un chef d'entreprise, c'est plutôt une bonne nouvelle : plus de commandes expédiées avec le même effectif, c'est plus d'argent qui entre dans les caisses. Mais ce qu'on ne mesure pas d'emblée, c'est la fatigue que ce nouveau rythme de travail génère chez les salariés. Or, qui dit fatigue, dit aussi absentéisme et baisse de productivité. Sans parler de l'ambiance que cela crée

---

2 - L'impact des TIC en question, Perspectives, citant les travaux de Virginie Govaere, chercheuse à l'INRS.

3 - Procédure de préparation des commandes assistée par ordinateur pour laquelle l'opérateur préparateur reçoit des messages audios, lors de son déplacement dans les allées de stockage, à propos de l'emplacement où doit être fait le prélèvement.

dans l'entreprise, car des salariés fatigués auront tendance à fuir leur environnement de travail plutôt qu'à le considérer comme une source de lien social.

S'ajoute encore le fait que l'on travaille de plus en plus loin de son domicile : aujourd'hui, les trajets allers-retours grignotent considérablement le temps dont on pourrait disposer « pour soi ». Ce qui n'était pas le cas il y a encore quelques décennies, quand la majeure partie des employés avaient la possibilité de rentrer chez eux pour déjeuner.

Enfin la productivité dépend aussi de la reconnaissance que l'employé reçoit de l'entreprise où il travaille, de son expertise qui peut être plus ou moins importante à un moment donné sur la tâche qu'il exécute, de ses soucis personnels, de sa fatigue ou même de son temps de sommeil, qui affecteront tous plus ou moins sa journée de travail.

Pour toutes ces raisons, et quelques autres que nous verrons, je ne crois pas que le régime actuel des 35 heures sur 5 jours ait été synonyme de « travailler moins », ni avec moins de pression, mais surtout, j'ai un vrai doute sur le fait que nous ayons plus de temps libre qu'autrefois et de fait plus de temps pour évacuer le stress. Je crois plutôt que le travail moderne – et le temps qu'il nous prend – a évolué. Il génère davantage de stress, et le rythme que l'on maintient par habitude de la semaine de 5 jours ne permet plus un véritable temps de récupération.

En somme, je pense que l'organisation de la semaine que nous connaissons depuis près d'un siècle – cinq jours de travail, deux jours de repos – ne convient simplement plus à nos modes de vie connectés et périurbains.

Autrefois, un salaire suffisait à faire vivre une famille

En réfléchissant à la semaine de 4 jours, j'ai également pris conscience d'un autre phénomène. Aujourd'hui, un couple ou une famille a besoin de deux salaires pour vivre. Cette évolution, qui s'est opérée en l'espace d'une ou deux générations, ne transparaît pas forcément dans les statistiques économiques. En effet, les données de l'Insee nous montrent que le pouvoir d'achat par unité de production (c'est-à-dire par individu) continue d'augmenter. Certes, cette augmentation est très faible par rapport aux taux enregistrés dans les années 1960[4], et il existe très certainement des disparités entre les différentes catégories de la population. Par ailleurs, si une grande partie de nos concitoyens ont l'impression que leur pouvoir d'achat diminue, c'est aussi parce que nos besoins ont évolué : les produits que nous considérons aujourd'hui indispensables, tels que les ordinateurs, les smartphones, ou encore les abonnements Internet et

---

4 - Évolution du revenu disponible brut et du pouvoir d'achat.

de vidéo à la demande, ne l'étaient pas pour nos aïeux, qui vivaient plus simplement.

Malgré tout, quand dans une famille, l'un des deux conjoints ne travaillait pas, cela faisait une grande différence dans la vie quotidienne. On ne va pas se voiler la face : des deux conjoints, c'était souvent la femme qui ne travaillait pas – ou, pour être plus exact, qui n'occupait pas d'emploi salarié. Car en réalité, si elles ne percevaient pas de salaires, les femmes se chargeaient des tâches qui nous incombent à tous, aujourd'hui, quand nous finissons notre journée de travail : courses, cuisine, ménage, éducation des enfants, etc.

Ne vous méprenez pas : je n'ai aucunement l'intention de réhabiliter la bonne vieille société patriarcale ni de contester le fait que ce sont toujours les femmes qui, de nos jours, assurent la majeure partie des tâches domestiques. Simplement, j'observe que lorsque la vie du ménage se répartissait entre travail salarié d'un côté, tâches domestiques de l'autre, il y avait davantage de place pour une vie de famille, pour une vie sociale et pour le repos. Dans ma famille, par exemple, ma mère ne « travaillait » pas : elle s'occupait de notre éducation à ma sœur, mon frère et moi. Et, croyez-moi sur parole, elle a pris sa tâche très à cœur : dès mon plus jeune âge et jusqu'à ce que j'obtienne le baccalauréat, elle a toujours été là pour s'assurer que je ne perde pas le fil des études. Mais il faut reconnaître que je n'étais pas spécialement bon élève : on me disait régulièrement que ce n'était pas un poil, que j'avais dans la main, mais un baobab ! Et mon désintérêt pour l'école et plus particulièrement les matières non scientifiques n'a fait que s'accentuer à partir du moment où mon père m'a offert mon premier ordinateur. Bon an, mal an, parce que j'avais de vraies facilités dans ces matières, j'ai tout de même réussi à passer de classe en classe, avec seulement un petit accroc en première. Mais autant pour mes parents que pour moi, les années de collège et de lycée furent un véritable chemin de croix.

Après avoir débuté sa carrière comme auditeur, mon père était devenu directeur commercial chez Renault V.I., une entreprise que vous connaissez aujourd'hui sous le nom de Renault Trucks. Il voyageait beaucoup, mais lorsque sa journée était terminée, elle était *vraiment* terminée : ma mère s'était occupée de tout et il n'avait plus, en quelque sorte, qu'à mettre les pieds sous la table. C'est sans doute pour cette raison que, lorsque je me replonge dans mon enfance, je ne me souviens pas avoir eu des parents qui couraient partout, tout le temps. Je ne me souviens pas non plus de fins de mois difficiles qui auraient rendu un deuxième salaire nécessaire. Non, j'ai plutôt le souvenir d'une vie harmonieuse, équitablement répartie entre les obligations, la famille et les loisirs – que ceux-ci aient lieu en soirée, le week-end ou en vacances.

Cet équilibre, qui garantissait un certain repos à tous – hommes et femmes, travailleurs salariés ou travailleurs domestiques non rémunérés – a été bouleversé en l'espace de quelques décennies seulement. En 1975, presque 2 femmes sur 3 de 15 à 64 ans n'avaient pas d'emploi rémunéré, en 2018 l'écart est de moins de 8% avec les hommes[5]. Aujourd'hui, dans un couple avec enfants, les deux conjoints travaillent. Si bien que lorsque le travail est terminé, la journée, elle, ne l'est pas vraiment : il faut encore aider les enfants à faire leurs devoirs, préparer le repas… Et attendre le week-end pour faire tout le reste : les courses, les lessives, le ménage, etc. Je ne parle même pas des divers rendez-vous qui parsèment notre emploi du temps à tous : banque (grâce à Internet, de moins en moins), coiffeur, réunion parents-profs...

Dans ces conditions, pensez-vous que lorsqu'ils reviennent au travail le lundi matin, les salariés soient vraiment reposés ? Non seulement ils ne le sont pas, mais en plus, ils ont l'esprit encombré par tout ce qu'ils n'ont pas eu le temps d'accomplir. Nombreux sont ceux qui ruminent leurs « échecs » du week-end : toutes ces choses qu'ils avaient prévu de faire, mais auxquelles ils ont dû renoncer faute de temps ou d'énergie, et qu'ils se voient contraints de reporter au week-end suivant, voire aux prochaines vacances. Et lorsque le bien-être des enfants est en jeu, ce n'est plus un sentiment d'inefficacité, qu'ils éprouvent, mais bien

---

5 - Tableaux de l'économie française, Insee, 2020.

de culpabilité : « je n'ai pas eu le temps d'emmener le petit chez le médecin pour son certificat médical, il ne va pas pouvoir aller au foot », « je ne passe assez de temps avec lui », « je suis vraiment un parent indigne ». En face, il y a bien sûr la charge de travail, qui crée elle aussi un stress, et donne l'impression qu'on ne va jamais s'en sortir.

Il y a aussi, bien sûr, ceux qui vont profiter des heures de travail pour faire tout ce qu'ils n'ont pas eu le temps de faire chez eux : finir une série, chercher les prochaines vacances, commander les cadeaux de Noël, ou prendre le temps de se reposer… Grâce à internet, ils peuvent tenter de rattraper ce retard (et si à une époque les entreprises pouvaient encore filtrer les accès, le smartphone a définitivement changé la donne), mais aux dépens du travail attendu qu'ils n'arrivent plus à réaliser. Causant un sentiment de culpabilité, et du stress.

Aujourd'hui, comme je l'indiquais, notre économie est essentiellement portée par le secteur tertiaire, donc par des métiers qui ne peuvent pas être décomposés en tâches simples et répétitives. Les salariés ont besoin de leur tête pour travailler. Mais peut-on vraiment se concentrer sur son travail quand on passe son temps à élaborer des *to-do listes*[6] mentales pour réussir à gérer les différents aspects de sa vie ? A-t-on vraiment envie de s'engager pour son entreprise

6 - Liste de choses à faire

quand, soi-même, on ne parvient pas à s'impliquer suffisamment dans le fonctionnement de son foyer ? En tant qu'employeur, que peut-on attendre d'un responsable de flotte automobile qui serait en retard pour son propre contrôle technique ? D'un comptable qui n'aurait pas eu le temps de faire ses propres comptes ?

Vous l'aurez compris : si l'on peut se féliciter que les femmes aient aujourd'hui accès à l'emploi rémunéré (je n'entrerai pas dans le débat qui concerne les inégalités salariales qui, malheureusement, subsistent dans notre pays), cette évolution n'a pas été sans conséquences sur la vie quotidienne des ménages. Depuis que, dans une même famille, les deux conjoints travaillent et que tout le reste doit être accompli en dehors des heures de bureau, la fatigue et les frustrations s'accumulent… Ce qui impacte négativement le niveau d'engagement et de productivité qu'un patron est en droit d'attendre de la part de ses collaborateurs.

Le temps de trajet pèse lourd dans la balance

C'est un paramètre que nous ignorons sans doute trop souvent, nous employeurs : le trajet qui est parcouru chaque jour par nos salariés pour rejoindre nos locaux, et le temps que cela occupe dans leur planning quotidien. Certes, l'avènement du télétravail est peut-être en train de rebattre les cartes : d'ici quelques années, il se peut que le travail à distance fasse de nous des travailleurs non pas nomades (n'en déplaise aux freelances de la *gig economy* [7]), mais davantage sédentaires. Je ne l'espère pas, car je suis convaincu que si la réduction des déplacements quotidiens est une bonne chose pour la planète et pour notre bien-être, je crois aussi que nous serions nombreux à souffrir d'isolement dans une configuration « 100 % télétravail » et que cela porterait un coup à l'attachement que les salariés éprouvent pour leur entreprise. Pour bon nombre d'entre nous, c'est le travail qui constitue la plus grande source de lien social : nous y nouons des liens amicaux et, parfois même, nous y rencontrons notre conjoint ou conjointe (et ce malgré la multiplication des applications de rencontre ces dernières années).

Avant la crise sanitaire, les salariés de LDLC venaient presque chaque jour au bureau (un jour de télétravail était déjà autorisé, mais en pratique il était peu utilisé). Pour rejoindre nos locaux, deux choix s'offraient à eux : la voiture (notre siège disposant d'un grand parking) ou bien les transports en commun (plusieurs lignes de bus partent du centre-ville lyonnais et desservent notre zone d'affaire). Pour autant, si les infrastructures existent, elles sont aussi empruntées à

---

7 - Micro-entrepreneurs ou travailleurs indépendants rémunérés à la tâche/mission

la même heure par tout le monde. Ainsi, Amandine des services généraux, qui vit à 18 kilomètres du siège, passe chaque jour jusqu'à 2 heures 30 dans sa voiture. Gaëlle, du service communication, prend le bus en banlieue lyonnaise : au quotidien, elle consacre 2 heures de son temps à faire l'aller-retour entre son domicile et le bureau.

Quel contraste avec le mode de vie qu'ont connu nos parents et nos grands-parents ! En nourrissant ma réflexion sur la semaine de 4 jours, je suis tombé sur une étude réalisée après-guerre par l'INED [8] concernant le temps de trajet des salariés de région parisienne. En 1947, les deux tiers d'entre eux ne mettaient guère plus d'une demi-heure pour se rendre au travail. Et un tiers avaient même le temps de rentrer chez eux pour déjeuner[9] !

Il n'en a pas fallu davantage pour piquer ma curiosité : je me suis mis à la recherche d'une autre étude afin d'établir une comparaison avec l'époque contemporaine. Cette fois-ci, les données ont été recueillies par Géolocaux, un portail d'annonces spécialisé dans l'immobilier d'entreprise. Aujourd'hui, il faut environ une heure aux salariés franciliens pour

---

8 - Institut national d'études démographiques.

9 - Enquête sur l'éloignement du domicile et du lieu de travail dans la région parisienne.

se rendre sur leur lieu de travail[10]. Et d'après une autre enquête réalisée par Qapa news, ils ne sont plus que 15 % à rentrer chez eux pour déjeuner[11].

Que faut-il en déduire ?

Tout simplement que pour les salariés, la baisse de la durée légale du travail a largement été compensée par l'allongement du temps de trajet. Quant à la pause déjeuner, qui permettait autrefois de souffler et de passer un peu de temps en famille, elle se déroule dorénavant presque exclusivement sur le lieu de travail ou à proximité immédiate, voire même dans la rue.

Tout ceci, j'en suis persuadé, pèse fortement dans la balance. Là où nous, employeurs, ne voyons que des journées de travail de sept ou huit heures, les salariés, eux, ont l'impression d'en consacrer dix ou onze à leur activité professionnelle – et ce chaque jour de la semaine ! Même un après-midi « offert » ne représente en réalité que bien peu d'heures libérées par rapport au temps que représente le simple fait de se déplacer pour aller au travail. D'ailleurs, je considère que si l'on veut favoriser un vrai repos, il est préférable d'offrir un jour complet plutôt que deux demi-journées disséminées dans la semaine. Car oui, finalement, quand on parle

---

10 - Combien de temps un francilien met-il pour se rendre au travail en 2020 ?, Géolocaux.

11 - Métro, boulot… restau ? Les habitudes alimentaires de travailleurs français, Qapa.fr.

d'une demi-journée de travail en moins, il s'agit généralement de l'après-midi qui ne comprend que 3 heures de travail contre quatre le matin et il faut toujours se lever, effectuer les trajets. Finalement, On est plus sur des semaines de 4,8 jours que de 4,5. Le gain n'est pas celui escompté. Deux après-midis offerts auraient du coup le même effet qu'une seule « vraie » demi-journée.

Bien malin celui qui pourra dire quelle est la fatigue générée par les trajets allers-retours pour rejoindre son lieu de travail et, surtout, quel en est l'impact sur la productivité de la journée. Mais l'on sait au moins une chose : le temps que nous consacrons à dormir ne cesse de diminuer. Certes, les réveils de plus en plus matinaux pour prendre la route ou les transports ne sont pas les seuls responsables : Santé Publique France, qui réalise de nombreuses études sur la santé des Français, pointe notamment la responsabilité des écrans et de la pollution sonore. Toutefois, il est certain qu'avec la concentration du travail dans les grandes agglomérations et l'augmentation concomitante des prix de l'immobilier (un marché qui a parfaitement su s'adapter au fait qu'à présent, un foyer vit souvent avec deux salaires), les salariés d'aujourd'hui sont la plupart du temps obligés de parcourir plus de kilomètres que leurs prédécesseurs. Et donc de retarder l'heure du coucher s'ils veulent s'occuper de leur foyer ou bénéficier d'un temps de loisir une fois la journée de bureau terminée. D'ailleurs, vous l'avez sans doute remarqué, les chaînes de télévision se sont adaptées : auparavant, les programmes du soir commençaient à 20 heures 30. Ensuite, ce fut 20 heures 50. Désormais, le film ou l'émission en *prime time* débute après 21 heures et certains programmes populaires n'hésitent pas à se terminer vers minuit ou plus en pleine semaine !

L'épineuse question du pouvoir d'achat

Je viens de vous parler du temps de trajet, ceci m'amène maintenant à évoquer un autre sujet qui, au moment où j'écris, fait la Une de l'actualité : le pouvoir d'achat. Les patrons qui me lisent le savent : nous, employeurs, croulons sous les taxes. Lors du dernier exercice, en 2021, LDLC a payé plus de 20 millions d'euros au titre de l'impôt sur les sociétés. À ce montant, il convient d'ajouter la myriade de taxes locales qui pèsent sur notre siège, nos entrepôts et nos boutiques : cotisation foncière, cotisation sur la valeur ajoutée, taxe sur les surfaces commerciales... Et, bien sûr, les cotisations sociales sur les salaires : assurance vieillesse, CSG et CRDS, chômage, retraite complémentaire.

N'allez pas croire pas que je sois opposé à la fiscalité. Au contraire : sans elle, pas de routes, pas d'hôpitaux, pas de services publics, pas d'assurance chômage ni de pensions de retraite pour nos salariés et pour nous-mêmes. D'ailleurs, je crois que lorsqu'elle en a les moyens, une entreprise doit aller encore plus loin : c'est en tout cas l'état d'esprit qui était le mien, en 2012, quand j'ai accepté que LDLC devienne le principal partenaire de l'ASVEL (le club de basket de Lyon-Villeurbanne). À l'époque, nous renouions à peine avec la croissance après plusieurs années de disette – dues, entre autres, à la crise de 2008. Mais, parce que nos finances le permettaient, il me paraissait naturel de faire un geste en direction du tissu local. Après tout, sans les habitants et sans les infrastructures de la région, LDLC ne serait sans doute pas l'entreprise qu'elle est devenue !

L'ennui, c'est que toutes les taxes que nous payons sont incompressibles. Et que, bien souvent, il en est de même pour la plupart des autres charges : loyers, électricité, frais d'entretien, etc. Dans ces conditions, c'est souvent les salaires qui servent de variable d'ajustement pour les entreprises. L'employeur voudrait offrir une meilleure rémunération à ses équipes, mais il ne le peut pas, car cela mettrait en péril l'équilibre économique de sa structure. Or, les salariés sont exactement dans la même situation que nous : ils ont des charges à assumer, et avec l'inflation qui repart, ces charges engloutissent de plus en plus les revenus qu'ils perçoivent à la fin du mois.

Ce dont nous ne sommes pas toujours conscients, c'est qu'une partie de ces charges est directement liée au travail. J'évoquais un peu plus tôt l'allongement du temps de trajet entre domicile et bureau : de nos jours, avec l'augmentation des prix du carburant, ce n'est plus seulement la durée du trajet qui augmente, c'est aussi son coût ! Et, en plus du carburant, il faut parfois s'acquitter du péage : c'est notamment le cas pour nos collaborateurs qui travaillent sur le site excentré de Saint-Quentin-Fallavier, et qui n'ont pas d'autre choix que d'emprunter l'A43. Sitôt sortis de l'autoroute, ils doivent s'arrêter à la barrière de péage et se délester de 2,10 euros pour rejoindre l'entrepôt. Et même si nous avons fait le choix de valoriser le travail de nos équipes en fixant le salaire le plus bas à 25 % au-dessus du SMIC (2 050 euros bruts, soit un peu plus de 1 560 euros nets mensuels après impôt), faites le calcul : 2,10 euros par trajet, cela fait 4,20 euros par jour, soit plus de 80 euros par mois.

Face à cette situation, nous pourrions être tentés de nous dédouaner. Au fond, ce n'est pas nous, employeurs, qui fixons les prix du carburant ou du péage ! Certes, mais là aussi, la semaine de 4 jours offre une solution. Sans augmenter les rémunérations, on peut aider les salariés à économiser 20 % des dépenses liées aux trajets domicile-travail (à tout le moins lorsque ceux-ci sont effectués en voiture) et augmenter ainsi le pouvoir d'achat. Une économie qui n'est sans doute pas négligeable, car rappelons-le : en France, le revenu médian – prestations sociales comprises – se situe aux alentours de 1 900 euros par mois[12]. En avril 2021, nous avons d'ailleurs décidé d'aller un peu plus loin pour limiter cet impact vis-à-vis de ceux qui ne peuvent pas bénéficier du télétravail, en offrant une indemnité supplémentaire de 50 euros par mois à tous ceux qui ont un poste qui n'offre aucune possibilité de télétravail.

Ce n'est pas tout : outre les dépenses liées aux déplacements, la semaine de 4 jours permet aux couples qui ont des enfants en bas âge d'économiser des frais de nourrice. Car même si la Caisse d'allocations familiales finance en partie la crèche ou le salaire de l'assistante maternelle, le reste à charge pour les familles demeure significatif.

Des trois plannings proposés aux collaborateurs de la relation client, Aurélien a choisi celui qui s'étale du lundi au jeudi. Cela lui permet de garder sa fille les vendredis et samedis pendant que sa compagne, elle, travaille. Grâce à ce système, le couple économise plus de 230 euros par mois. Anne-Charlotte, elle, avait demandé à passer à 80 % afin de garder son enfant le mercredi : la semaine de 4 jours lui a permis de récupérer l'intégralité de son salaire tout en continuant à bénéficier de son jour « off ». Inutile de dire que

---

12 - En 2019, le niveau de vie médian augmente nettement et le taux de pauvreté diminue, Insee.

cette organisation a vraiment contribué à accroître l'égalité femmes-hommes dans l'entreprise.

Voilà qui, j'espère, vous donnera à réfléchir : si vous, chefs d'entreprise, ne pouvez pas augmenter les salaires ; et si vous, responsables politiques qui me lisez peut-être, ne savez pas par quel bout prendre la question du pouvoir d'achat, la semaine de 4 jours offre peut-être une solution intéressante. À salaire équivalent et prestations sociales égales, un salarié économisera forcément de l'argent en travaillant un jour de moins. Aucun surcoût pour l'employeur, aucune dépense en plus pour l'État. Mais pour les 25 millions de salariés français, ou tout du moins ceux qui pourraient être concernés, cela fera une vraie différence à la fin du mois.

Se réaliser, en mieux

Le moment est venu de vous parler de Valérie, l'une de nos responsables commerciales – et, accessoirement, l'une de nos salariées les plus anciennes puisqu'elle a rejoint l'entreprise en 2002 alors que nous n'étions pas encore soixante. Valérie a coutume de dire qu'il n'y a pas de sot métier. Et pour cause : elle était là, en 2005, quand le personnel des bureaux s'est mobilisé pour prêter main-forte aux équipes logistiques, lors du pire moment de notre histoire.

À l'époque, nous n'avons plus le choix : l'entreprise grandit tellement vite que nous sommes obligés de prendre un nouvel entrepôt pour stocker nos produits et en assurer la bonne livraison à nos clients. Quand l'été arrive, tout est prêt : notre stock a été inventorié puis acheminé sur place, et un grand opérateur européen est venu installer une chaîne automatisée dernier cri. Les tests, réalisés sur un échantillon de mille références, se sont déroulés sans encombre. C'est le début de la maturité pour notre entreprise, qui fait désormais face à des concurrents solides : comme nous, Rue du Commerce, Pixmania et Materiel.net ont su prendre la vague du début des années 2000, et ils n'ont pas l'intention de nous faire le moindre cadeau. Ce nouvel entrepôt de 24 000 mètres carrés tombe donc à point nommé pour nous aider à poursuivre notre développement, à satisfaire de nouveaux clients, et à faire jeu égal avec nos compétiteurs. Pour vous donner une idée plus précise de notre situation à cette époque, nous venons d'enregistrer un chiffre d'affaires de 150 millions d'euros et nous nous attendons à en gagner 70 millions de plus lors de l'exercice en cours. Cela représente une croissance de plus de 45 % ! Cet entrepôt constitue donc un outil indispensable pour réussir notre année, mais aussi pour viser encore plus haut dans le futur.

Oui, mais voilà : le jour où la bascule est censée s'opérer, impossible de sortir la moindre commande, et cela va durer plus de 3 semaines ! Je vous laisse imaginer la situation : lignes téléphoniques prises d'assaut par des clients furibonds, conseillers désemparés… et même, sans crier gare, la répression des fraudes qui entre dans la danse ! Une telle réactivité des services de l'État était prévisible, car à peine deux ans plus tôt, le site père-noël.fr avait jeté le discrédit sur l'ensemble des e-commerçants. En n'honorant pas ses commandes, cet opérateur avait fini par cumuler plus d'un millier de plaintes émanant de clients ou d'associations de consommateurs[13]. Si bien qu'après cet événement, tous les vendeurs en ligne ont dû redoubler de vigilance : il était hors de question d'avoir une logistique approximative ou des délais de livraison fluctuants. Ce n'était pas seulement notre réputation, que nous portions sur les épaules, mais aussi celle de tout le e-commerce français, que nous le voulions ou non !

À mesure que les jours s'écoulaient et que la colère grandissait chez nos clients, il a bien fallu trouver une solution. Je n'ai pas souvenir que ce soit moi qui l'ai proposée ; je crois plutôt qu'elle a émané des équipes. Des dizaines de salariés se sont portés volontaires pour rejoindre l'entrepôt après leur journée

---

13 - Retour sur une saga de l'un des plus gros sites e-commerce français.

https://www.stephanealligne.com/2017/04/pere-noel.fr-retour-sur-une-saga-judiciaire-sur-l-un-des-premiers-gros-sites-ecommerce.html de bureau afin de préparer les colis à la main. Rapidement, les choses se sont organisées : départ à 18 heures du siège, arrivée sur place autour de 19 heures, puis préparation de commandes jusqu'à 22 heures. Valérie, dont les enfants étaient en bas âge à l'époque, a fait partie des courageux, mais elle ne fut pas la seule, car tous les salariés avaient conscience que la survie de l'entreprise était en jeu. Comme moi, certains ont annulé leurs vacances pour aider l'entreprise à s'en sortir. Aujourd'hui encore, le souvenir de cet épisode reste palpable, et il constitue même un signe de reconnaissance entre les collaborateurs : il y a ceux qui y étaient, les vétérans, et les autres, ceux qui sont arrivés après la bataille.

Aussi, quand Valérie dit qu'il n'y pas de « sot métier », je ne peux qu'être d'accord avec elle. Que l'on soit cadre, agent de maîtrise ou employé, que l'on soit commercial ou logisticien, on est utile de la même façon à l'entreprise. Si, en 2005, les salariés des bureaux ne s'étaient pas métamorphosés en préparateurs de commandes l'espace de quelques heures chaque jour, nous n'existerions probablement plus.

Mais si cet épisode a permis à nos collaborateurs de goûter à un métier qu'ils n'avaient pas choisi (la préparation de commandes) et d'y trouver un sens, combien de Français ont l'impression de subir leur travail ? Le plus curieux, c'est que cette aversion croissante pour le travail ne touche pas seulement les métiers les plus pénibles, les moins qualifiés, ou ceux qui obéissent à des horaires décalés. Songez un peu à tous ces cadres qui entament une reconversion dans la pâtisserie, la plomberie, ou toute autre profession artisanale qu'ils jugent plus porteuse de sens ! Comment expliquer ce désaveu pour les métiers dits « de bureau » – finance, marketing, ressources humaines ?

Les raisons sont connues : déshumanisation du travail dans les grandes structures ; utilité sociale de moins en moins perceptible à mesure que la distance géographique s'accroît entre l'entreprise et ses clients ; fossé qui se creuse entre les aspirations que l'on peut légitimement nourrir sur les bancs de l'université et la réalité parfois moins flatteuse du travail dit « intellectuel »... Ou, pour l'exprimer plus simplement : décalage toujours plus important entre les exigences des entreprises et de l'économie d'un côté, et les aspirations individuelles de l'autre.

Mais pour être honnête, je suis tenté de souscrire à une tout autre explication : je crois que l'indifférence, la lassitude – voire, dans les cas les plus extrêmes, le dégoût – que certains de nos concitoyens éprouvent pour leur travail vient du fait que celui-ci leur interdit de s'adonner autant qu'ils le voudraient à leurs activités de cœur. Peut-être ont-ils tout simplement besoin d'un rééquilibrage ! Chez LDLC, nous avons des sportifs, des musiciens, des passionnés de jeux de plateau, des bricoleurs, des artistes graphiques, etc. Parfois, ces collaborateurs tirent de leur hobby une reconnaissance et un statut bien supérieurs à ceux qu'ils obtiennent grâce à leur travail. Je peux le comprendre, car j'ai vécu exactement la même chose durant mon adolescence : d'un côté, j'étais estimé dans le milieu émergent des geeks pour mes compétences en programmation ; de l'autre, je me sentais peu reconnu par l'institution scolaire, où je n'étais finalement qu'un élève moyen parmi tant d'autres dans un système qui ne lui convenait pas.

Offrir aux collaborateurs un jour de liberté en plus dans la semaine, c'est donc leur donner la possibilité de se réaliser pleinement, quels que soient leurs centres d'intérêt ou leurs passions. Car s'il n'y a pas de sot métier, il y a parfois des rythmes de travail qui interdisent toute autre source d'épanouissement en dehors de la sphère professionnelle. De surcroît quand aux journées de travail s'ajoutent un temps de trajet conséquent et des tâches domestiques qui empiètent elles aussi sur le temps disponible pour les loisirs. Si bien que de plus en plus, le temps que l'on peut consacrer à soi se rapproche de zéro. Je ne suis pas psychologue, mais je suis convaincu que cette diminution permanente du temps qu'il reste pour soi explique en grande partie l'augmentation du stress chez nos contemporains.

« Moi, je fais 6 à 7 jours par semaine sans forcer… »

J'entends souvent certains dire, moi je bosse, j'aime cela, je me donne, je ne compte pas les heures, alors pourquoi travailler moins de jours ou de temps, les autres n'ont qu'à choisir un travail qui leur plaît.

Ils ont de la chance et pour être transparent, j'en ai fait partie. Quand j'ai créé le groupe, je m'étais amusé à calculer que je travaillais presque tout le temps sept jours sur sept et plus de 110 heures par semaine en prenant une à deux semaines maximums de vacances par an. Et non, je ne suis pas tombé en burn-out ! Mais j'avais cette chance « rare » de faire un travail avec passion et plaisir. Je disais souvent « je ne travaille pas, je joue ». De surcroît, je n'avais pas de vie de famille et quelques sorties de temps en temps avec des amis me convenait très bien.

Mais cette situation est rare, la majorité des salariés partage leur semaine entre leur travail, leur vie de famille, et s'il leur reste du temps, leur passion, du temps pour eux…

S'il leur reste du temps !

De fait, si certains peuvent effectivement faire bien plus d'heures que d'autres en s'éclatant et sans ressentir le besoin de travailler moins, voire en travaillant plus parce qu'ils sont dans leur élément. La grande majorité n'a surtout pas les moyens de prendre le temps de profiter du temps libre pour se reposer l'esprit ou s'épanouir à travers diverses passions personnelles.

Mais les premiers doivent comprendre qu'ils auront besoin des seconds dans leur meilleure forme pour réussir ensemble, et que leurs rythmes ne sont pas les mêmes simplement parce que leurs aspirations de vie sont différentes. On peut trouver un travail qui nous plait, et avoir une passion autre, une famille et besoin de temps pour être au mieux dans chaque situation. Mais aussi très souvent on trouve juste un travail dans nos compétences, et on y trouve alors la motivation, et un accroissement d'efficacité, grâce à la considération qui nous est accordée, au sens que l'on y trouve, et enfin dans l'équilibre de vie qu'il nous permettra de conserver.

Prendre soin de notre planète

Entendons-nous bien : je ne suis sans doute pas le mieux placé pour donner des leçons d'écologie. Mon entreprise commercialise des produits qui contiennent du plastique, des métaux et des batteries lithium-ion. Ces produits nous arrivent d'Asie sur des porte-conteneurs qui rejettent de grandes quantités de CO_2

dans l'atmosphère, et leur production n'est pas non plus des moins polluantes. En plus, ils sont renouvelés souvent : nos concitoyens remplacent leur ordinateur tous les trois ou quatre ans environ (et leur smartphone encore plus fréquemment). Même chose du côté des entreprises, qui renouvellent leur parc au bout de trois ans, ce qui correspond à la durée de l'amortissement comptable pour ce type de matériel (d'ailleurs, ce serait sans doute une excellente mesure écologique que celle d'allonger la durée d'amortissement des équipements informatiques).

Cette réalité ne m'empêche pas d'être de plus en plus sensible à la cause environnementale. Depuis plusieurs années déjà, mon frère et moi soutenons (à travers LDLC, mais aussi avec nos deniers personnels) Time for the Planet, un fonds citoyen qui finance des projets d'entreprise en faveur du climat et de l'environnement. J'invite d'ailleurs les particuliers et les entreprises qui me liront à en faire de même : quels que soient vos moyens financiers, vous pouvez devenir actionnaire de ce fonds et participer, vous aussi, à faire évoluer notre économie vers un modèle qui soit plus vertueux pour la planète. La contribution minimum s'élève à un euro[14].

Outre mon engagement aux côtés de Time for the Planet, je travaille aussi sur plusieurs projets

14 - Plus d'infos et investir : https://www.join-time.com/fr/become-shareholder-company

d'entrepreneuriat qui entretiennent un lien direct avec l'écologie. Et, bien sûr, je m'interroge en permanence sur ce que nous pouvons encore améliorer, chez LDLC, pour réduire notre impact carbone sans dégrader la qualité de notre service client. Car c'est bien là que le bât blesse : si nous sommes globalement tous d'accord, aujourd'hui, pour dire qu'il faut respecter davantage la planète, les bonnes âmes qui acceptent de renoncer aux raffinements du confort moderne sont beaucoup moins nombreuses. Nous avons tous besoin d'un ordinateur, d'un téléviseur ou d'un smartphone. Nous serions incapables de nous passer des réseaux sociaux, des chaines et de la musique par abonnement en streaming, et des capacités de stockage illimitées du cloud[15], qui utilisent pourtant des quantités d'énergie phénoménales. Et, alors que nos responsables politiques continuent de parcourir le monde en avion pour rencontrer leurs homologues, il nous serait sans doute impensable, à nous aussi, de nous priver de ce voyage dont nous rêvons depuis tant d'années !

Malgré tout, les confinements de 2020 et 2021 ont démontré une chose : lorsque l'activité humaine ralentit, la pollution chute de façon considérable.

---

15 - Le cloud computing, en français l'informatique en nuage, est la pratique consistant à utiliser des serveurs informatiques à distance et hébergés sur internet pour stocker, gérer et traiter des données, plutôt qu'un serveur local ou un ordinateur personnel - https://fr.wikipedia.org/wiki/Cloud_computing

Comme moi, vous avez sans doute lu ces témoignages de citadins surpris d'entendre à nouveau le chant des oiseaux ou d'apercevoir enfin la ligne d'horizon, d'ordinaire dissimulée derrière le brouillard des gaz d'échappement. Et, comme moi, vous vous êtes sans doute réjoui de retrouver ce confort un rien désuet, mais curieusement si familier. Les confinements de 2020 et 2021 m'ont rappelé les vacances que je passais, enfant, chez mes grands-parents à Campagne-sur-Arize, dans l'Ariège. Chaque année, ces vacances me permettaient de me déconnecter d'un monde toujours plus civilisé et pollué. Je consacrais mes journées à suivre canes et canetons, à sortir les moutons ou à traire les vaches – avant de boire leur lait encore mousseux et chaud –, ou encore à jouer à cache-cache dans les champs de maïs. Tous les étés, nous nous rendions à la fête annuelle du village, où tout le monde se connaissait.

Je ne prétends pas détenir la formule magique qui sauvera notre planète de la catastrophe, et je ne considère pas non plus que nous devrions renoncer totalement au mode de vie contemporain. Mais je crois que condenser la semaine de travail sur quatre jours ne peut qu'être bénéfique pour l'environnement. Songez-y : si la grande majorité des salariés français adoptaient ce rythme de travail, il y aurait moins de déplacements, donc moins d'embouteillages et de pollution. Les entreprises, qui ont déjà majoritairement supprimé les bureaux individuels au profit des open spaces[16] (moins gourmands en mètres carrés), décideraient peut-être de réduire encore la superficie de leurs locaux. Car on le sait, l'immobilier d'entreprise est extrêmement polluant : entre les ascenseurs, les escalators, l'éclairage (allumé même tard le soir, lorsqu'il n'y a plus personne), le chauffage en hiver et la climatisation en été, la quantité d'énergie consommée est considérable. Certes, au moment où j'écris, de nouvelles normes entrent en vigueur : dans les années qui viennent, l'immobilier de bureau est appelé à devenir plus vert, tout comme les logements d'habitation. Progressivement, la part du béton dans les constructions neuves va diminuer, les bâtiments seront mieux orientés pour optimiser leurs capacités de chauffage et de refroidissement, et de nouvelles sources d'énergie seront privilégiées. Mais cela suffira-t-il à notre pays pour atteindre l'objectif qu'il s'est fixé, à savoir la neutralité carbone d'ici 2050 ? En attendant, pourquoi nous, employeurs, ne ferions-nous pas un petit effort supplémentaire ? D'autant qu'en s'ajoutant au télétravail, la semaine de 4 jours peut faire une vraie différence. Aujourd'hui, les 700 salariés de notre siège ont droit à deux jours de télétravail hebdomadaires. Cela signifie qu'ils ont la possibilité de se déplacer seulement deux jours par semaine sur cinq pour aller au travail. C'est sans doute une goutte d'eau à l'échelle de la région lyonnaise, mais je suis convaincu qu'en

16 - Espace de travail collectif où les bureaux sont installés sur un plateau unique ouvert

multipliant ce type d'initiative, on peut arriver à de grands résultats pour notre pays. Et, peut-être même – il n'est pas interdit de rêver – d'en inspirer d'autres.

Le grand saut

Les NAO de 2020

C'est en juin 2020, lors des négociations annuelles obligatoires, que je décide de proposer la semaine de 4 jours aux représentants du personnel. Mais contrairement à Microsoft, mon ambition n'est pas de suggérer un essai ou une tentative. Au contraire : je veux que la semaine de 4 jours s'inscrive dans un projet commun et durable. Car s'il y a une chose que j'ai comprise après vingt-cinq années à la tête d'une entreprise, c'est que nos salariés – comme les vôtres – ont passé l'âge de la carotte et du bâton. Ils sont adultes et, comme tous les adultes, ils n'apprécient guère d'être infantilisés. Cette semaine de 4 jours, il est donc hors de question de la conditionner à quoi que ce soit. Je ne veux pas qu'elle tienne lieu de récompense pour une performance passée, et je ne souhaite pas non plus qu'elle soit considérée comme une incitation à en faire plus dans le futur.

J'ai donc attendu qu'avec nos trois organisations représentatives (la CFDT, la CFE-CGC et la CGT), un accord soit trouvé sur les salaires, les diverses propositions de la direction et les quelques autres dossiers portés par les élus. Et c'est seulement lorsque la réunion fut terminée et que nous aurions dû nous quitter (et en référence au fameux *one more thing*[17] de Steve Jobs à la fin de nombreuses de ses présentations de lancement de produits ou encore du lieutenant Columbo[18] quelques années plus tôt pour les amateurs) que je leur ai soumis mon idée : « j'ai une dernière question : seriez-vous d'accord pour que nous réfléchissions à un accord d'entreprise sur la semaine de 4 jours - 32 heures d'ici la fin de l'année ? ». Comme je n'avais prévenu personne, inutile de vous dire que cette annonce a produit son petit effet. Aussi bien du côté des représentants du personnel que de celui des ressources humaines, on n'avait encore jamais vu un patron plaider en faveur d'une réduction du travail sans qu'on le lui ait demandé !

Cette intervention a soulevé deux interrogations : « pendant combien de temps allons-nous tester cette organisation ? » et « est-ce que les

---

17 - « Encore une chose… »

18 - Expression utilisée régulièrement par le lieutenant Columbo, dans la série du même nom lors de ses enquêtes.

salaires vont baisser ? ». Ce à quoi j'ai répondu : « il n'y aura aucune baisse de salaire, et il ne s'agit pas d'un test, mais bien d'une mesure définitive. À moins que vous me suppliiez de revenir en arrière, mais je n'y croie pas ! ».

4 jours, 32 heures

Dans les semaines qui ont précédé les NAO, j'ai bien sûr réfléchi aux modalités pratiques d'un tel projet. J'étais déjà convaincu d'une chose : en adoptant la semaine de 4 jours, il serait impossible de rester aux 35 heures. Pourquoi ? Parce que condensées sur 4 jours, les 35 heures supposent des journées de travail de près de 9 heures. Avec des collaborateurs dont la moyenne d'âge est de 36 ans et qui, pour bon nombre d'entre eux, ont des enfants à charge, cela aurait pesé trop lourd dans l'emploi du temps de chacun. En outre, je n'étais franchement pas certain qu'une neuvième heure de travail dans la journée soit bénéfique à l'entreprise : à mon sens, elle servirait juste à « diluer » le travail habituellement réalisé en huit heures. Par ailleurs, en adoptant un tel régime, je risquais d'accroître les accidents du travail et les accidents de trajet liés à la fatigue. Sans parler de l'impact sur le moral des salariés. Et, pour finir, je ne me voyais vraiment pas exiger des équipes logistiques qu'elles travaillent deux heures de plus chaque jour en respectant les mêmes cadences. Non, si je décidais vraiment d'instaurer la semaine de 4 jours, il faudrait que celle-ci s'accompagne d'une réelle réduction du temps de travail, d'un véritable changement de paradigme. C'était à mes yeux la seule solution pour que cette nouvelle organisation soit acceptée par un maximum de collaborateurs, et que personne, dans l'entreprise, n'ait le sentiment de perdre au change.

Mon raisonnement fut assez simple, pour ne pas dire simpliste. La journée de travail passerait à 8 heures, ce qui aboutirait à une durée hebdomadaire de 32 heures. Plus tard, j'ai d'ailleurs regretté d'avoir opté pour ce chiffre de 32 heures et de ne pas avoir choisi 31 ou 33 heures, car de nombreux journalistes se sont focalisés sur ses fameuses 32 heures (réclamées par plusieurs organisations syndicales), alors que la mesure phare, celle qui participe vraiment au bien-être des équipes, concerne le passage à 4 jours. D'ailleurs, pour que cela soit bien clair, je suis contre la semaine de 32 heures sur 5 jours ![19]

Pour les équipes du siège qui, si l'on fait exception de la relation client, accomplissent toutes des tâches pour lesquelles il n'existe pas de

---

19 - J'ai d'ailleurs posé la question aux équipes, si nous étions passé à 32H sur 5 jours est-ce que vous auriez apprécié de la même façon, et la réponse est unanime : « non c'est le fait de travailler sur 4 jours qui change vraiment tout ». Car oui enlever 40 min de travail par jour ne change pas le sentiment de ne jamais avoir le temps de gérer sa vie perso en semaine…

productivité moyenne, ou de cadence plus ou moins imposée, j'étais à peu près sûr que cette réduction de la durée du travail ne poserait aucun problème et ne nécessiterait pas trop d'embauches. En priorisant certaines activités, en raccourcissant la durée des réunions, en évitant de consulter les réseaux sociaux, je savais que la grande majorité des salariés réussiraient à produire presque autant en 32 heures qu'en 35. Nous savons déjà tous que sur la demi-journée du vendredi après-midi, les salariés travaillent au maximum une à deux heures. En revanche, à la logistique, à la relation client et dans les magasins, ce nouveau régime allait sans doute nécessiter quelques recrutements pour préserver la qualité du service, qui est chez nous une valeur essentielle. Les équipiers logistiques ne peuvent pas expédier autant de colis en 32 heures qu'en 35, c'est un fait. Sans personnel supplémentaire, il faudrait se résoudre à accroître les délais de livraison – inimaginable pour un e-commerçant qui tient à sa réputation. Par ailleurs, des commandes qui s'entassent, c'est aussi du stress en plus pour les équipes, qui ont parfois la désagréable impression de vider la mer à la petite cuillère, et de ne pas rendre le service attendu au client.

À la relation client et dans les magasins, la problématique concernait bien évidemment les horaires d'ouverture. Tout comme nos boutiques, notre *hotline*[20] est ouverte 6 jours sur 7, nous avons

20 - Support téléphonique

même quelques points de vente ouverts 7 jours sur 7 . Et, de surcroît, nous garantissons à nos clients une prise en charge téléphonique en moins de 35 secondes. En 2021, cela faisait déjà sept fois d'affilée que nous étions couronnés « service client de l'année » avec une moyenne depuis le début du concours qui est toujours aux alentours de 19/20 . Cette récompense n'a rien d'honorifique, puisqu'elle est décernée à l'issue de plusieurs semaines de tests réalisés par des clients mystères, sur l'ensemble des canaux de communication utilisés par l'entreprise (téléphone, formulaires de contact, réseaux sociaux, etc.). Le service client étant depuis le début au cœur de notre ADN, il était hors de question de renoncer à l'excellence dans ce domaine. Et nous conserverons de fait de titre en 2022 et 2023 au moment où j'écris ce livre avec le même niveau de notation.

Autrement dit, dans ces trois secteurs de l'entreprise – logistique, relation client, boutiques – il allait falloir recruter pour faire de la semaine de 4 jours une réalité. La bonne surprise – j'y reviendrai plus tard – est que je n'ai finalement pas du tout eu à embaucher autant que prévu. Mais sur le moment, j'ai fait le calcul. Et je suis arrivé à la conclusion suivante : si je réduis le temps de travail de 8,6 % pour 300 logisticiens, conseillers et vendeurs en magasin, je devrais recruter 25 personnes environ (ce chiffre inclut aussi un léger renfort dans les bureaux). Ce qui se traduirait pour finir avec quelques embauches dans les bureaux par une dépense annuelle d'un million et demi d'euros pour l'entreprise, soit à peu près 4 % de la masse salariale.

J'imagine votre tête, dirigeants, directeurs financiers qui lisez ces lignes. Vous me croyez certainement un peu fou. Je vous comprends : il peut sembler absurde d'engager son entreprise dans une réduction du temps de travail quand, en plus, celle-ci implique un coût aussi élevé. Mais en réalité, ce million et demi d'euros de dépenses supplémentaires, ce n'était pas la mer à boire : cela représentait seulement 10 % du résultat d'exploitation que nous avions réalisé lors de l'exercice précédent. Certes, bon nombre d'entre vous auraient sans doute préféré utiliser cet argent pour le marketing, la R&D[21], pour lancer de nouveaux projets ou même pour rétribuer davantage les actionnaires du groupe. Mais, comme le diront certains, je suis un entrepreneur de cœur : ce qui m'intéresse, c'est de faire évoluer mon entreprise et d'offrir à ceux qui y prennent part une juste compensation de leurs efforts, et pas seulement sur le plan financier. Car si les mesures sociales font aujourd'hui partie des attentes des salariés au même titre que les augmentations de salaire, je suis convaincu qu'elles sont aussi intrinsèquement créatrices de valeur. D'ailleurs, en poursuivant votre lecture, vous découvrirez que les 4 jours ont induit des bénéfices que l'on ne pouvait même pas soupçonner *a priori*.

21 - Recherche et développement

Quid des salaires ?

À présent, un mot sur les salaires. Chez LDLC, nous cherchons à tendre le plus possible vers une justice salariale entre les collaborateurs. Attention : n'allez pas croire que je cherche à instaurer un régime communiste pour mes mille salariés. Simplement, quand on considère – comme c'est mon cas – que la performance est avant tout une affaire de collectif, on essaie autant que possible de gommer les écarts de rémunération qui sont imposés par le marché en offrant à chacun un salaire qui permet de vivre dignement. Ce qui implique, à mes yeux, de pouvoir répondre aux besoins du deuxième niveau de la pyramide de Maslow [22] (Maslow a défini qu'il y a différents 5 niveaux de besoins qui doivent être satisfait l'un après l'autre pour être efficaces. Le premier niveau correspond aux besoins physiologiques. Le deuxième niveau correspond aux besoins de sécurité qui sont satisfaits à partir du moment où l'on vit dans un « environnement stable et prévisible, sans anxiété ni crise »).

Ainsi, s'il est normal d'offrir une rémunération attractive à un développeur en pointe dans son domaine, faut-il pour autant considérer que cette

22 - La pyramide des besoins a été théorisée dans les années 1940 par le psychologue Abraham Maslow https://fr.wikipedia.org/wiki/Pyramide_des_besoins

personne est quatre ou cinq fois plus essentielle à l'entreprise qu'un préparateur de commandes, dont les compétences sont moins rares et moins chères sur le marché ? Je ne le crois pas. C'est la raison pour laquelle, en 2019, un an avant le passage à la semaine de 4 jours, j'avais déjà décidé de porter le salaire minimum dans l'entreprise à 15 % au-dessus du SMIC (contre 5 % auparavant). En 2021, 3 mois après notre passage à la semaine de 4 jours, et au vu des premiers résultats très encourageants, nous sommes allés encore plus loin en fixant le salaire minimum à 25 % au-dessus du SMIC. C'est une manière pour moi de reconnaître le travail de chaque équipier à sa juste valeur, mais aussi de corriger ce qui me semble être une injustice. Car si le marché du travail fixe un « tarif » par profession (et qu'il rémunère certaines professions au SMIC), il est aujourd'hui très difficile pour n'importe quel salarié de vivre avec le salaire minimum. C'est pourquoi je considère que lorsqu'elle en a les moyens, une entreprise doit revaloriser les rémunérations les plus faibles afin que ses salariés mènent une vie qui soit cohérente avec leur implication. Elle doit donc corriger les écarts de rémunération qui ne dépendent ni de la quantité de travail, ni du mérite, ni de l'engagement, mais bien de paramètres que ne nous maîtrisons pas vraiment : tensions sur le marché de l'emploi pour certaines professions, spécificités locales ou régionales (les profils très qualifiés sont moins nombreux en province qu'en région parisienne), inégalités dans l'accès à l'éducation, etc…

Une telle politique n'est pas dénuée d'avantages. Dans le parc d'activités de Chesnes (Saint-Quentin-Fallavier, Isère), qui héberge l'un de nos entrepôts (et où les entreprises jouent des coudes pour recruter des préparateurs de commandes), nous n'avons aucune difficulté à trouver des intérimaires lors des surcroîts d'activité. Aussi, lorsqu'un nouveau poste s'ouvre en CDI, nous disposons déjà d'un vivier de personnes qui connaissent notre outil de travail et qui sont prêtes à rejoindre l'entreprise.

Des salaires plus élevés permettent également de fidéliser les équipes déjà en poste. Car que ce soit dans un entrepôt, dans un atelier ou dans un garage automobile, il est difficile, passé un certain point, d'améliorer les conditions de travail. Un dépôt logistique, ce n'est ni plus ni moins que du béton et de l'acier. Et même si chez nous, les équipes ont accès à un baby-foot, à une table de ping-pong et à une piste de pétanque, et de beaux espaces de détente et restauration, cela ne compense pas tout à fait la monotonie inhérente aux professions de la logistique. Par ailleurs, je l'ai déjà dit, ces métiers obéissent à des cadences quasiment incompressibles qui, en dépit de tous les efforts que le patron peut consentir, déshumanisent un peu le quotidien. Si vous travaillez dans un bureau, songez à toutes les interactions que vous avez au cours de la journée avec vos collègues, vos clients ou vos fournisseurs. Dans un entrepôt, il y a la pause, bien sûr ; il y a parfois des tâches qui exigent l'aide d'autrui ; mais globalement, les équipiers passent une grande partie de la journée seuls avec leur machine et leurs colis. Ils ne peuvent même pas s'exprimer grâce à la mode vestimentaire puisque, pour des raisons de sécurité, la tenue leur est imposée, et elle est la même pour tous !

Dans ces conditions, comment expliquer à un magasinier ou à un préparateur de commandes qu'il est important pour l'entreprise ? Comment lui faire prendre conscience qu'il joue un rôle primordial dans la satisfaction du client ? Et comment lui donner envie de s'engager dans un projet commun aux côtés de ses collègues du siège qu'il ne croise jamais ? On peut bien sûr et l'on doit lui témoigner de la reconnaissance, mais le meilleur moyen de le récompenser, c'est encore de lui offrir une rémunération supérieure à celle que proposent les concurrents et qui lui permette de vivre mieux.

Au bout du compte, d'ailleurs, il n'est pas impossible que le patron s'y retrouve. En effet, un équipier qui se sent respecté sera plus impliqué : il ne viendra plus au travail dans le seul but de toucher un salaire (les fameux « jobs alimentaires »). S'il a le sentiment que l'entreprise le respecte, il la respectera en retour. Cette réciprocité s'avérera bénéfique pour l'ambiance de travail : il y aura moins de tensions, d'agacement, de frictions, et davantage de coopération. Or, quand l'atmosphère est sereine, les contrôles deviennent superflus, et l'entreprise n'est plus obligée de supporter les coûts qui leur sont liés. En définitive, témoigner sa confiance en octroyant des salaires plus élevés se révèle donc gagnant pour tout le monde.

Pour toutes ces raisons, je n'ai pas envisagé un seul instant que la semaine de 4 jours s'accompagne d'une réduction proportionnelle des salaires. Les rémunérations resteraient strictement identiques. Employés et agents de maîtrise obtiendraient donc une augmentation de leur taux horaire de 8,6 %, tandis que les cadres et les forfaits jour, eux, verraient leurs 11 jours de RTT remplacés par 47 jours non travaillés et rémunérés dans l'année.

Il est temps de lâcher prise !

La peur est une émotion naturelle. Quelles que soient nos responsabilités, quelle que soit notre situation de vie, nous avons tous peur à un moment ou un autre. Peur d'échouer, de décevoir, de faire un mauvais choix... Lorsque j'étais jeune entrepreneur, ma plus grande crainte était de ne pas recevoir le chèque de mes clients. Car au milieu des années 1990, il n'était pas encore possible de payer par CB en ligne : on pouvait passer commande grâce à Internet, mais pour régler, il fallait bel et bien envoyer un chèque. À cette époque, LDLC n'avait pas encore d'entrepôt, ni même de salariés : je travaillais depuis mon appartement, et je m'approvisionnais auprès d'un seul fournisseur. Comme je n'avais aucun stock, j'étais obligé d'acheter la marchandise dès que je recevais une commande, en croisant les doigts pour que le client m'adresse bien son règlement, car en attendant, c'étaient mes deniers personnels que je mettais sur la table !

Plus tard, en 2005, au moment de notre accident logistique, j'ai bien sûr craint que l'entreprise disparaisse. La situation était d'autant plus angoissante que je n'aurais pas été le seul à me retrouver sur la paille : à cette époque, le groupe comptait déjà un peu plus de 300 salariés. Cette peur, il était bien sûr exclu de la partager : en tant que patron, j'avais la responsabilité de préserver la confiance que les équipes avaient en elles-mêmes et en l'entreprise. Je n'avais pas le choix, car si les salariés avaient choisi de baisser les bras au lieu de se mobiliser, nous n'aurions jamais pu franchir cette épreuve. Je me revois adresser des sourires pleins de conviction aux équipes et leur dire que malgré les apparences, nous allions nous en sortir. Même si je n'en étais moi-même pas tout à fait convaincu, je savais que je n'avais pas le droit de montrer mes doutes à ce moment-là, sous peine de décourager tout le monde.

Et, cela va de soi : le 25 janvier 2021, lorsque nous sommes vraiment passés à la semaine de 4 jours, j'ai eu un peu peur aussi. Peur de m'être laissé berner par mes intuitions, peur que cette mesure nuise à la compétitivité de l'entreprise. Mais surtout, j'ai eu peur pour une raison que je n'avais pas anticipée. Lorsque le passage à la semaine de 4 jours a été annoncé, et avant même que la mesure entre en vigueur, les équipes sont devenues bien plus enthousiastes et efficaces – c'était assez impressionnant à vivre –, à tel point que je me suis demandé si le soufflé n'allait pas retomber dès que tout deviendrait concret.

Cela dit je n'étais pas le seul à être stressé : comme moi, les salariés ont redouté ce moment. À peine la réunion des NAO terminée, la rumeur a commencé à se propager bien plus vite que je ne l'avais imaginé : « Laurent a annoncé que nous allions passer à la semaine de 4 jours et 32 heures ! ». Si, globalement, la mesure fut très bien accueillie, certains salariés sont rapidement venus me trouver pour me demander de les exclure du dispositif. « J'espère que ton histoire de 4 jours, ça ne s'applique pas à moi ! ». « Pas pour moi, Laurent, j'aime trop mon travail ! ». « J'ai déjà du mal en cinq jours, Laurent, comment je vais faire en quatre ? ». « Tu es fou Laurent, on ne pourra jamais faire des plannings sur 4 jours ». Si bien que j'ai dû intervenir très rapidement sur le forum interne de l'entreprise pour apporter des précisions et rassurer tout le monde (Vous retrouverez dans les annexes le message envoyé).

Peu de temps après, alors que nous avions décidé de ne pas ébruiter l'information, l'un de nos salariés y a fait allusion lors d'un repas de famille (il ne fut pas le seul). L'ennui, c'est que ce jour-là, une journaliste se trouvait à sa table. Quelques jours plus tard, nous faisions donc la Une du journal *le Progrès*[23]. Il n'a alors pas fallu longtemps pour que toute la presse s'intéresse à notre cas : alors même que l'accord n'était pas rédigé, nous avons commencé à recevoir de nombreuses sollicitations et demandes d'interview. Si bien qu'au moment de l'annonce officielle, six mois plus tard, ce ne fut pas vraiment une surprise : le 25 janvier 2021, LDLC, pionnier du e-commerce, devint la première grande entreprise française à mettre en place, volontairement et sans aides, la semaine de 4 jours et 32 heures.

Nous avions prévu de faire un point d'étape trois mois plus tard en avril 2021 pour corriger tous les « bugs » que nous ne pouvions pas anticiper. Mais avec le recul, je dirais qu'il a fallu tout au plus quelques semaines pour que chacun prenne ses repères. En toute autonomie, les différentes équipes et services avaient élaboré leur planning, avec un seul mot d'ordre : les clients (qu'il s'agisse des particuliers, des entreprises ou des autres services en interne) ne doivent se rendre compte de rien. On aurait pu s'attendre à des négociations interminables entre salariés pour déterminer qui prend le vendredi, qui prend le lundi, mais il n'en fut rien. Aux achats, tous les collaborateurs ont pu avoir leur vendredi, car cela ne nuisait en rien à

---

23 - Le Progrès est un journal régional français, né en 1859, dont le siège se trouve à Lyon. Il est diffusé dans le Rhône, l'Ain, le Nord-Isère, la Loire, la Haute-Loire et le Jura

l'activité. Dans d'autres équipes, des personnes se sont montrées plus intéressées par le lundi ou le mercredi. Aux services généraux et dans plusieurs autres départements, des binômes ont vu le jour : les salariés se sont organisés pour obtenir à tour de rôle le vendredi et alterner avec un autre jour moins convoité. Lorsque cela fut possible, certains ont choisi d'être « off » le vendredi lors des semaines paires et le lundi lors des semaines impaires (ou vice-versa) : de cette manière, ils profitent d'un week-end de quatre jours une semaine sur deux.

Mais ce qui m'a le plus surpris, c'est que dès la première semaine, l'entreprise fonctionnait sans accroc, il n'y avait aucune différence !

Enfin si, une différence notable : nous commencions à recevoir des mails qui disaient, en substance : *« je suis off aujourd'hui, je vous répondrai demain. En cas d'urgence, vous pouvez contacter mon collègue »*.

Avec le recul, ce point me semble capital, car il a permis à tout le monde de réapprendre que tout n'est pas urgent, que l'entreprise ne va pas s'écrouler sous prétexte que l'on ne répond pas toujours dans la minute et qu'une réponse peut souvent attendre 24 heures, voir 48 heures si les jours off des personnes concernées par l'échange mail s'enchainent. Cela fait aussi probablement gagner beaucoup de temps parce qu'on réapprend à ne plus regarder ses mails toutes les 5 minutes et à couper constamment le travail en cours de cette façon. Enfin cela permet de déconnecter plus facilement et en se sentant moins coupable et à diminuer le stress. Je me demande du coup, si le fait que tout le monde n'ait pas toujours « le vendredi », mais des jours off qui ne sont pas les mêmes pour tout le monde n'a pas rendu la mesure encore plus efficace.

Est-ce cela que l'on appelle l'intelligence collective ? Je n'en sais rien. Mais force est de constater que même à la relation client (un service qui fonctionne six jours sur sept), l'élaboration des plannings s'est déroulée sans encombre. Christophe, le responsable du service, a mis au point trois semaines types : la première débute le lundi pour s'achever le jeudi, la seconde commence le mercredi pour finir le samedi, et la troisième est une semaine coupée en deux, avec un week-end positionné sur le mercredi et le jeudi. Lorsque ces plannings ont été présentés aux 50 collaborateurs du service, ceux-ci ont dû en sélectionner deux. Dans 90 % des cas, les vœux prioritaires ont pu être exaucés. Les quelques personnes qui ont dû se contenter de leur deuxième choix sont en fait les nouveaux collaborateurs recrutés spécialement pour le passage aux 4 jours. On ne peut donc pas dire que dans cette affaire, il y ait vraiment eu des perdants !

Si je prends la peine de vous parler de l'organisation des plannings, c'est pour préciser que la mise en place d'une telle organisation du travail est en fait moins compliquée qu'on pourrait le croire. Nous n'avons fait appel à aucun accompagnement extérieur, juste au bon sens des équipes et à la confiance qu'on leur a accordée pour s'organiser. Le plus difficile, en réalité, consiste à passer ce cap psychologique, cette croyance selon laquelle il serait impossible de travailler moins et tout aussi efficacement, que ce n'est pas possible dans notre métier. Mais si vous interrogez nos collaborateurs, ceux-ci ne vous diront pas qu'ils travaillent moins : ils vous diront plutôt qu'ils travaillent différemment, qu'ils se sont réorganisés, qu'ils ont adopté de nouveaux modes de fonctionnement – et le plus naturellement du monde. Le passage à la semaine de 4 jours est donc davantage une affaire de volonté – et, disons-le franchement, **de foi** – qu'une question d'organisation, de moyens financiers ou de toute autre chose. Avez-vous foi en votre entreprise, en vos équipes ? Si c'est le cas, vous ne devriez avoir dans une grande majorité des métiers aucune difficulté à instaurer la semaine de 4 jours dans votre organisation d'autant plus si elle est du secteur tertiaire ou d'une taille qui permet en polyvalence des équipes d'assurer les temps d'ouvertures nécessaires à votre fonctionnement.

Aujourd'hui, j'ai coutume de dire que nous sommes passés de l'autre côté du miroir : ce que nous pouvions légitimement redouter ne s'est pas produit, et, à l'inverse, ce dont nous n'osions même pas rêver s'est réalisé ! Nous vivons une expérience improbable, voire inconcevable pour un certain nombre de personnes. Et parce que nous avons passé le cap, nous savons que cela fonctionne. Certains diraient même : « ils ne savaient pas que c'était impossible, alors ils l'ont fait ». Le changement que cette nouvelle organisation a induit pour chacun de nos collaborateurs en matière d'équilibre de vie, de perception du travail et de bien-être est tel que désormais, ce sont les équipes qui me poussent à promouvoir cette petite révolution, parce qu'elles considèrent qu'on ne peut pas être égoïstes et être les seuls à vivre ainsi. Les salariés du groupe ont tous une famille, des amis qui travaillent ailleurs et qui, malheureusement, ne bénéficient pas des mêmes conditions de travail. On me rapporte des situations assez calamiteuses de trentenaires déjà au bout du rouleau. Alors oui, passer à la semaine de 4 jours, cela peut faire peur. Mais nous sommes là pour vous dire que si vous avez confiance en vos équipes, il n'y a aucune raison d'avoir peur, ou, en tout cas, que cette peur disparaîtra très vite quand vous constaterez les bénéfices de ce nouveau régime de travail sur votre entreprise et vos équipes.

Une équation magique

Le bien-être

Après mon apparition dans l'émission *Patron Incognito* en janvier 2022, les réseaux sociaux se sont enflammés : ils ont vu en moi le sosie de Walter White, ce professeur de chimie reconverti en fabricant de drogue dans la série *Breaking Bad*. Il faut dire que les producteurs de l'émission ne m'avaient rien épargné : deux mois avant le début du tournage, ils m'avaient demandé de me laisser pousser la barbe et, lorsque fut venu le moment de passer entre les mains du coiffeur, celui-ci ne trouva rien de très convaincant à faire… si ce n'est me raser le crâne ! Cette métamorphose, qui me permit de passer inaperçu auprès des salariés de Besançon et de Nantes, fit aussi beaucoup rire ma famille... et m'obligea à garder une casquette vissée sur la tête pendant les deux semaines de vacances au soleil qui suivirent le tournage.

Si j'évoque cela, c'est parce que dans *Breaking Bad*, une scène exprime bien ce que nous vivons depuis que nous sommes passés à la semaine de 4 jours. Saison 1, épisode 3 : Walter White cherche à établir la composition chimique de l'être humain. Mais, après avoir passé en revue tous les éléments qui composent notre organisme – oxygène, calcium, fer, sodium, etc. –, il se rend compte que son calcul ne colle pas : il lui manque encore quelques centièmes pour parvenir à un total de 100 %. Sa collègue lui soumet alors une explication peu scientifique : la différence, ce petit quelque chose qui manque, c'est peut-être la place qu'occupe **notre âme**[24].

Croyez-le ou non, c'est exactement la même chose avec le bien-être. Dans la grande équation économique, nous n'oublions jamais de parler de production, de temps de travail, de niveaux de salaire, de fiscalité... Mais nous n'évoquons pas le bien-être ! Pour quelle raison ? Sans doute parce que le bien-être – comme l'âme humaine dans *Breaking Bad* – est impossible à quantifier. En effet, on ne peut pas démontrer de façon mathématique qu'en donnant un jour de liberté en plus aux salariés, ceux-ci obtiendront plus de bien-être, et que cela apportera en échange plus ou moins de chiffre d'affaires ou de résultat à

24 - Extrait Breaking Bad

l'entreprise. Et comme le bien-être est impossible à quantifier, il n'intéresse guère les économistes qui, pour démontrer leurs grandes théories et construire des modèles, ont besoin de chiffres, d'indicateurs et de corrélations, sans quoi pas d'analyses, pas de comparaisons, pas d'équations, pas de prospectives. Dans notre société, le bien-être reste donc une affaire de psychologues... Malheureusement, lorsque ceux-ci sont invités à la table des discussions, c'est uniquement pour tenter de comprendre pourquoi le travail génère aujourd'hui autant de stress, et débattre de ce qu'il faudrait faire pour corriger cela. Bien malgré eux, ils se retrouvent toujours face à cette règle immuable qui voudrait que plus on travaille, plus on produit.

Pour ma part, je suis aujourd'hui convaincu que le bien-être change absolument tout. Son effet est supérieur à n'importe quel autre type de gratification – en partant du principe que la rémunération accordée aux salariés soit cohérente avec leurs compétences, leurs responsabilités, et qu'elle leur permette de vivre. À l'inverse, les primes, promotions ou avantages en nature n'ont que peu d'effet à long terme sur la productivité, l'engagement ou la qualité du travail. Toutes ces gratifications agissent en fait comme une drogue[25] : elles apportent une récompense immédiate, mais qui peut finir par s'avérer néfaste. En effet, comment réagira le salarié qui n'atteint pas les objectifs donnant droit à la prochaine « dose » ? Il se

25 - « La vérité sur ce qui nous motive » Daniel Pink

démotivera, tout simplement. Et pour le remobiliser, il faudra nécessairement lui proposer une récompense supérieure à la précédente.

En revanche, donnez aux salariés le moyen de se reposer, de rééquilibrer leur vie, d'avoir du temps pour eux, et vous ne tarderez pas à voir la magie opérer dans votre entreprise. Voici quelques chiffres, pour les plus sceptiques d'entre vous : en 2019, nous étions 1 020 collaborateurs dans le groupe. Cette année-là, nous avons réalisé un chiffre d'affaires avoisinant 500 millions d'euros. Fin 2021, soit près d'un an après notre passage à la semaine de 4 jours et 32 heures, notre chiffre d'affaires s'élevait à près de 700 millions et le groupe comptait 1 060 collaborateurs. Autrement dit, notre CA a progressé de 40 % tandis que l'effectif, lui, a augmenté de moins de 4 %, et que le temps de travail a baissé de 8,6 %. Naturellement, ce gain prodigieux d'efficacité s'observe aussi dans le résultat, si bien que nos équipes ont reçu une participation conséquente et des augmentations de salaire qui leur permettent de faire face à la situation inflationniste que nous traversons actuellement.

Je peux citer deux autres indicateurs qui, j'espère, achèveront de vous convaincre. Le premier, c'est l'absentéisme : malgré les nombreux arrêts liés à l'épidémie de Covid-19, il est passé de 6 % en 2019 à un peu plus de 5 % en 2021. Le second, ce sont les recrutements. Car en définitive, je n'ai pas eu à recruter autant que prévu. Et je ne parle pas de postes de cadres, mais bien d'emplois qui obéissent à des cadences de travail imposées. En logistique comme à la relation client, nous aurions dû en théorie embaucher davantage pour traiter les commandes et les appels téléphoniques. Alors que s'est-il passé ? La réponse se trouve sans doute dans ce bien-être que, vous comme moi, nous ne pouvons pas quantifier, mais qui se traduit bel et bien par une hausse de la productivité. Bien sûr, pour porter tous ses fruits, ce bien-être doit s'accompagner d'une meilleure gestion du temps et des plannings, ainsi que d'une plus grande responsabilisation individuelle. Car lorsqu'on est absent un jour ouvré par semaine, on doit faire en sorte que son collègue puisse prendre le relais dans de bonnes conditions, ce qui exige de boucler ses dossiers proprement.

Faut-il s'étonner que le bien-être soit aussi positif pour une entreprise ? Après tout, les sportifs respectent bien un temps de repos entre chaque entraînement, chaque compétition. Chez eux, le repos fait partie de l'hygiène de vie globale : sans ce temps dédié à la récupération, il leur serait impossible de réaliser les performances attendues. Les entraîneurs eux-mêmes veillent au grain, car le « surentraînement », comme ils l'appellent, est contre-productif : il génère une baisse du niveau de performance physique et psychologique, et peut même induire des troubles cardiovasculaires, respiratoires ou métaboliques. Au fond, le phénomène japonais du

« karōshi[26] » n'est peut-être que la conséquence d'un surentraînement poussé à l'extrême. Et les burn-out[27], que l'on attribue encore trop souvent à des « faiblesses psychologiques » (parmi lesquelles, précisons-le : une conscience professionnelle élevée, le sens du devoir, ou encore l'engagement) pourraient eux aussi résulter de ce surentraînement.

Je ne sais pas pour vous, mais moi je ne considère pas la conscience professionnelle et le sens du devoir comme des faiblesses ou des défauts qu'il faudrait corriger. J'exige beaucoup de mes salariés, et je suis convaincu qu'à compétences égales, un collaborateur engagé est plus performant qu'un salarié indifférent ou incapable du moindre investissement émotionnel dans son travail. Les soi-disantes « faiblesses psychologiques » qui sont parfois pointées du doigt après un burn-out, je les perçois plutôt comme des caractéristiques appréciables, à condition bien sûr qu'elles disposent d'un environnement adéquat pour s'exprimer.

Chez LDLC, nous n'avons jamais eu de salariés en grande souffrance, et cette menace pèse encore moins sur l'entreprise depuis que nous sommes passés à la semaine de 4 jours. Car c'est un fait : les collaborateurs sont heureux de venir travailler. Ils sont

---

26 - En japonais le karōshi est la « mort par dépassement du travail »

27 - Syndrome d'épuisement professionnel - https://travail-emploi.gouv.fr/IMG/pdf/Exe_Burnout_21-05-2015_version_internet.pdf

plus investis, et prennent désormais à bras le corps les difficultés professionnelles qui se présentent à eux. Un exemple : il y a quelques mois, notre équipe marketing a traversé une période très intense. Voyant que les collaborateurs n'avaient plus un seul instant pour lever les yeux de leur écran, j'ai proposé à Nicolas, le leader du service, de recruter un graphiste supplémentaire. Savez-vous ce qu'il m'a répondu ? « Ce n'est pas la peine, Laurent. On en a discuté entre nous : on va se retrousser les manches et on va y arriver ! ». Voilà l'état d'esprit qui prévaut aujourd'hui dans l'entreprise. Les « coups de bourre » qui, autrefois, tenaient lieu de contraintes ou de désagréments sont devenus des défis et des sources de motivation. Et cela, uniquement grâce à ce jour de liberté supplémentaire qui a permis à chacun de se reposer, de s'occuper davantage de son foyer ou de s'adonner à ses passions.

Depuis les années 1970, la désindustrialisation et le transfert des emplois vers le secteur tertiaire ont induit un ralentissement des gains de productivité à l'échelle du pays[28]. Face à cette situation, nombreux sont ceux qui nous exhortent à « travailler plus ». Suppression des 35 heures ou d'un jour férié, défiscalisation des heures supplémentaires, remboursement des jours de RTT non utilisés… Les propositions ne manquent pas. Et si, au contraire, une

28 - La tertiarisation de l'économie française et le ralentissement de la productivité entre 1978 et 2008, INSEE - https://www.insee.fr/fr/statistiques/1373853?sommaire=1373855

des solutions était de travailler moins ? Ou, plutôt (car je ne suis vraiment pas certain que travailler moins d'heures sur cinq jours produise les mêmes effets), de modifier le rythme de travail hebdomadaire que nous avons hérité de la révolution industrielle ? Et si, pour accroître la santé économique de nos entreprises et de notre pays, il fallait regarder du côté de ce bien-être que nous ne pouvons pas vraiment mesurer ?

Notre époque a changé

Depuis 2007 et le lancement de l'iPhone, notre vie a totalement changé. Si, à l'époque, le téléphone portable occupait déjà une importance non négligeable dans nos vies, il ne nous reliait pas encore en permanence à Internet, ce flux d'informations professionnelles et personnelles constant qui fait aujourd'hui partie de notre quotidien. Bien sûr, les smartphones ont leurs bons côtés : ils permettent de s'échanger des photos, de trouver rapidement une réponse à n'importe quelle question, de nous divertir grâce à la multitude d'applications disponibles. Mais ils ont aussi une face plus sombre. Car dorénavant, nous sommes constamment connectés à notre travail, à nos mails, à nos groupes WhatsApp, à quelques jeux, à l'actualité, aux réseaux d'entreprise, et nous n'avons plus aucun moment pour nous reposer, pour nous déconnecter.

Je lisais récemment sur LinkedIn l'un de ces fameux posts qui comparent les générations, et qui rappelait qu'il n'y a pas si longtemps que cela, nous jouions avec nos amis le soir en rentrant de l'école, que ceux-ci nous apportaient nos devoirs quand nous étions malades. Nous allions au parc naturellement, pas pour chercher des Pokémon. Nous courrions dans les bois et nous construisions de vraies cabanes au lieu d'empiler des blocs sur Minecraft. Nous jouions aux cow-boys et aux Indiens avec des pistolets à pétard plutôt que derrière un écran avec Fortnite ou autre Shoot'em up[29]...

Si nous apprécions tant ces comparaisons, c'est sans doute parce qu'elles nous permettent de dire : « nos enfants et les nouvelles générations vivent enfermés, sans relations sociales, tandis que nous, nous avions une vraie vie ». Mais en vérité, nous sommes devenus exactement comme eux ! On ne partage plus nos photos entre amis autour d'un bon repas : on préfère les envoyer en *live* sur Instagram ou Facebook en attendant leur *like* ou *j'aime* en retour. On n'évoque plus ses problèmes avec ses collègues, mais on en parle sans aucune gêne sur LinkedIn. On ne répond plus « je ne sais pas » à nos enfants lorsqu'ils nous posent leurs innombrables questions : on demande à Siri, Alexa ou

---

29 - Genre de jeu vidéo dérivé du jeu d'action dans lequel le joueur dirige un véhicule ou un personnage devant détruire un grand nombre d'ennemis à l'aide de projectiles, au fur et à mesure des niveaux, tout en esquivant les projectiles adverses pour rester en vie. (Wikipedia)

Google de nous fournir l'explication, quand on ne les envoie pas chercher la réponse par eux-mêmes sur YouTube. Assis côte à côte ou face à face au bureau, on préfère communiquer en utilisant le tchat de l'entreprise. On rêve de travailler un maximum de temps en télétravail pour mieux rester enfermé chez soi, libre devant son ordinateur... Sans aucune de ces interactions sociales qui rendent notre journée de travail agréable – que ce soit autour d'un café, le temps d'une pause cigarette, d'un petit-déjeuner, ou au détour d'un couloir.

Mais alors, **pourquoi** tient-on tant à fuir le lieu de travail ? Peut-être parce que dans notre monde hyperconnecté, nous avons la sensation qu'il est toujours là, à tout moment. Et l'on a qu'une envie : pouvoir dire « stop », reprendre un peu le contrôle, sans que personne ne nous contrôle. Peut-être aussi parce qu'on n'a plus assez de moments à soi pour reposer notre cerveau. Ou encore parce que l'avènement de l'informatique et la croissance exponentielle des puissances de calcul ont abouti à la multiplication des statistiques et des rapports à étudier, sans parler des simulations et des scénarios qu'il est désormais possible d'obtenir grâce à l'intelligence artificielle. Ce qui génère un flux de données que nos cerveaux humains ne sont pas capables de digérer.

Pour toutes ces raisons, parce qu'on vit finalement dans le même monde que nos enfants, on a sans doute besoin d'un jour de plus pour faire une véritable pause, nous déconnecter, reprendre le contrôle de notre vie, et réapprendre à partager la vie au travail avec nos collègues. J'en ai déjà parlé un peu plus tôt : la semaine de 4 jours, parce qu'elle induit un jour « off » dans la semaine, nous a réappris quelque chose que nous avions oublié : presque rien n'est urgent. Aujourd'hui, nous sommes parfois obligés d'attendre un ou deux jours avant d'obtenir une réponse à l'un de nos mails. Et pourtant, l'entreprise ne s'est jamais aussi bien portée. Nos équipes travaillent plus qu'avant, en moins de temps, et le stress a disparu. On ne peut pas le mettre en équation, mais on peut le vivre.

D'ailleurs, lorsqu'une entreprise nous contacte pour nous proposer une application destinée à mieux suivre le stress ou la charge mentale de nos collaborateurs – ou encore pour prévenir les risques psychosociaux, j'explique poliment qu'il y a deux solutions : l'application en question, que l'on devra utiliser tous les jours tel un médicament, ou la semaine de 4 jours, qui, à l'instar d'un vaccin, prémunit une fois pour toutes contre ces maux du 21e siècle.

Des collaborateurs plus engagés

En 1998, lorsque j'ai ouvert un premier point de vente physique (qui servait aussi de stock et de lieu d'expédition) et que j'ai recruté mes premiers salariés, la question de l'engagement ne se posait pas. L'entreprise était jeune, Internet en pleine effervescence, et les candidats qui se présentaient à ma porte étaient tous des passionnés d'informatique qui croyaient au projet et qui venaient vivre leur passion. Au fond, c'étaient des gens qui me ressemblaient, et qui ressemblaient aussi à nos clients. Des clients dont l'enthousiasme ne connaissait pas de limites: maintenant qu'Internet et les ordinateurs font partie de notre quotidien, cela peut sembler difficile à croire, mais à l'époque, on venait parfois de très loin pour nous rencontrer ! Je me souviens par exemple de ce geek avant l'heure qui était venu à Lyon à moto depuis Bordeaux juste pour acheter un clavier et nous rencontrer. Ou encore de cette famille guadeloupéenne en vacances dans l'Hexagone, qui avait organisé un détour à Lyon uniquement pour voir à quoi ressemblait le magasin – et qui nous avait invités à lui rendre visite si nous allions un jour en Guadeloupe. D'ailleurs, j'ai reçu à cette époque de multiples invitations provenant de tous les territoires d'outre-mer, mais je n'ai jamais eu le temps d'en profiter.

LDLC regroupait une petite dizaine de salariés – tous âgés de moins de vingt-cinq ans, tous inexpérimentés, mais tous capables de déplacer des montagnes. L'ambiance n'était pas nécessairement celle d'une start-up qui bosse dur sur son projet : plutôt celle d'une bande de geeks devenus amis, qui passaient autant de temps à travailler qu'à jouer, à sortir, à réinventer le monde ou à réfléchir à l'avenir de la boîte. Je me souviens de l'un d'entre eux nous disant : « j'ai lu que des Chinois vont inventer un lecteur CD MP3 ». Une révolution, à l'époque ! Nous nous sommes alors battus pour être les premiers à distribuer cet appareil et, malgré notre toute petite taille, nous avons réussi à obtenir une exclusivité pendant six mois – ce qui nous valut notre premier article dans *Le Monde*. Cette volonté de toujours vouloir réaliser l'impossible nous a amené, deux ans plus tard, à faire notre entrée en Bourse, c'est dire si nous mettions du cœur à l'ouvrage !

Dans un monde où il est de plus en plus difficile d'innover et où, sur un marché comme le nôtre, les opérateurs proposent des produits et services identiques à des tarifs similaires, l'avantage concurrentiel provient bien souvent, comme on vient de le voir, de la capacité qu'ont les collaborateurs à s'investir personnellement dans la réussite de leur entreprise. Malheureusement pour nous, patrons, l'engagement ne se décrète pas : on ne peut pas *convaincre* un collaborateur de s'engager pour son entreprise si celui-ci n'en a pas envie. De fait, un collaborateur engagé ne s'est jamais posé la question de savoir s'il veut s'engager ou pas : il l'est, point barre !

Pour susciter cette envie, il va de soi que les conditions de travail sont importantes, de même que la culture d'entreprise. Mais entre les mesures qui relèvent de la communication pure et simple, et celles qui créent vraiment un sentiment d'appartenance et une envie de se dépasser, il y a souvent un écart considérable.

C'est à partir du début des années 2000, juste après notre introduction en Bourse, que la question de l'engagement a commencé à se poser chez LDLC. L'entreprise grandissait extrêmement vite, si bien que je ne pouvais plus me contenter de recruter des profils « technophiles » : il fallait bien accepter l'idée d'avoir des salariés qui ne se passionnaient pas spécialement pour l'informatique !

Fort heureusement, outre notre orientation « tech », nous avions aussi dans notre ADN la volonté farouche d'offrir le meilleur service possible à nos clients. Cette valeur, je sais que tout le monde la partageait, même si nous ne l'avions jamais posée sur le papier dans « une raison d'être » ou toute autre forme d'engagement exposé à la vue de tous.

En parallèle, comme de nombreuses entreprises, nous avons cherché à améliorer le cadre de travail : aujourd'hui, tous les collaborateurs s'accordent pour dire que nous avons un siège magnifique et des conditions de travail exemplaires. Et les salariés des entrepôts ne sont pas en reste, puisque nous cherchons constamment les meilleures solutions techniques, matérielles et logicielles pour réduire la pénibilité des opérations logistiques, ce qui nous a valu fin 2022 la

Médaille de Sécurité du travail de l'Institut National de Recherche et de Sécurité (INRS France). Pour autant, toutes ces initiatives favorisent-elles l'engagement ? Je dirais plutôt qu'elles empêchent le désengagement ! Car au fond, le travail reste le travail. On peut l'agrémenter de tous les dispositifs imaginables, il occupera toujours le même temps, c'est-à-dire cinq jours quasiment pleins par semaine dans la vie du salarié et, de ce fait, pourra provoquer chez lui, outre une légitime fatigue, de la frustration – frustration de ne pas consacrer assez de temps à sa famille, de ne pas pouvoir concrétiser des projets personnels, etc. Par conséquent, l'engagement provient de différentes choses : il peut naître de ce que l'on donne aux salariés dans le cadre du travail, de l'image ou encore de l'histoire de l'entreprise. Il dépend aussi de la considération que l'on porte aux collaborateurs et de la façon dont nous, patrons – mais aussi les clients – reconnaissons leur travail. Mais il provient également de ce qu'on leur offre en dehors du travail pour favoriser un meilleur équilibre dans leur vie.

Contrairement à Andrew Barnes, le PDG de Perpetual Guardian (l'entreprise néo-zélandaise qui a adopté la semaine de 4 jours en 2019), je ne me suis pas attaché les services d'universitaires pour mesurer la hausse de l'engagement dans mon entreprise. Il faut dire que contrairement à lui, je ne me suis pas posé la question de savoir si cela allait marcher. J'en étais convaincu, et je ne ressentais pas le besoin de devoir le mesurer. Par ailleurs, si j'attendais bien sûr de cette mesure qu'elle améliore l'équilibre de vie des équipes, je n'avais pas particulièrement imaginé qu'elle s'accompagne d'un vrai retour pour l'entreprise. Cela dit, après notre passage aux 4 jours, nous avons très vite identifié des situations concrètes qui ne laissent aucun doute : les collaborateurs (y compris ceux qui, lors de l'annonce, n'avaient pas caché leur scepticisme), sont bien plus engagés maintenant que lorsqu'ils travaillaient cinq jours par semaine. Voici ce que dit Christophe, le responsable de la relation client, à ce sujet.

Christophe B., responsable de la relation client

Avant le passage aux 4 jours, nous fermions les lignes téléphoniques une demi-heure avant la fin du service. Il y avait deux raisons à cela : premièrement, cela garantissait aux clients qui appelaient en fin de journée de ne pas être « expédiés » par un conseiller pressé d'en finir. Deuxièmement, les collaborateurs avaient ainsi la certitude de terminer leur service à l'heure. Depuis le passage aux 4 jours, les lignes restent ouvertes jusqu'à la fin du service : les conseillers acceptent de prendre des appels de dernière minute, même si cela les oblige à quitter le bureau un peu plus tard. Ce petit effort supplémentaire n'est pas porté par quelques-uns seulement : tout le monde joue le jeu, car nous avons à cœur que la semaine de 4 jours s'inscrivent dans la durée, pour nous-mêmes comme pour nos collègues.

Une créativité accrue

S'il y a une chose que mon frère Olivier admire plus que tout, c'est la créativité – en particulier lorsque celle-ci s'exprime à travers les films d'animation, la bande dessinée ou les jeux vidéo. C'est curieux, car de nous deux, c'est lui le plus cartésien ! Ses talents de gestionnaire ont d'ailleurs été déterminants pour notre introduction en Bourse, il y a maintenant plus de vingt ans. Je l'évoquais dans le chapitre précédent : dans les premières années d'existence de l'entreprise, je travaillais avec des salariés inexpérimentés, et je n'étais moi-même pas très au courant de toutes les obligations comptables et fiscales qui pèsent sur une entreprise. Olivier, qui débutait sa carrière dans un grand cabinet d'audit, a posé tous ses congés pour venir nous prêter main-forte. Il a réuni les pièces comptables et établi les états financiers qui ont permis de valider l'accès aux marchés financiers. Depuis, il n'a plus quitté LDLC, et je sais que je peux compter sur lui pour passer chacune de mes idées à la moulinette.

Olivier m'a raconté l'anecdote suivante : c'est lorsqu'il se trouve au volant de sa voiture et qu'il roule sans buts précis que Steven Spielberg « trouve » de nouvelles idées de films. Ce qui, par ailleurs, ne l'empêche pas d'être un bourreau de travail : depuis le début des années 1970, il a tourné plus de trente films, et c'est sans compter son travail de scénariste et de producteur.

J'ignore si cette anecdote est avérée, mais je peux en citer une autre qui, elle, est plus connue : la mélodie de *Yesterday*, cette chanson des Beatles qui fut l'un des plus gros succès du vingtième siècle, a été composée par Paul McCartney… pendant son sommeil ! Cela peut sembler incroyable, mais aujourd'hui, de nombreuses études scientifiques confirment que l'inaction, l'ennui, le sommeil (ou, en tout cas, l'état de semi-conscience entre sommeil et éveil) favorisent la créativité. Cela tient au fait que le cerveau humain n'est pas vraiment conçu pour s'arrêter de tourner : lorsqu'on le met au repos forcé, il en profite pour s'ordonner, pour produire de nouvelles idées ou tisser de nouveaux raisonnements…

Chez LDLC, nous avons commencé à constater un **surcroît de créativité** dans les semaines qui ont suivi le passage aux 4 jours. Plusieurs collaborateurs sont venus nous trouver, mon frère ou moi, avec de nouvelles idées et propositions, ou tout simplement pour nous dire qu'ils avaient enfin réussi à résoudre le problème auquel ils étaient confrontés. Cela peut paraître anodin, mais, croyez-moi, ça ne l'est pas : sur un marché comme le nôtre, où les marges sont faibles, la valeur ajoutée provient souvent de ces petites idées, de ces étincelles créatrices qui nous invitent à repenser une façon de travailler ou à approcher différemment certains compartiments de l'activité.

Ceux d'entre vous qui ont regardé l'épisode de *Patron Incognito* (diffusé en janvier 2022) auquel j'ai participé se souviennent sans doute de cette scène dans laquelle Joris, l'un des conseillers de vente de la boutique de Besançon, dénigre devant moi (sans bien sûr savoir que je suis son patron) l'un des PC que nous vendons sous la marque LDLC. Le lendemain de la diffusion, le service marketing a organisé une promotion sur ces mêmes ordinateurs : les clients bénéficieraient d'une réduction de 10 % en utilisant le code promo « Merci Joris ! » au moment de valider leur panier. À l'instar de nos clients, j'ai découvert cette promotion en consultant mes emails… Et j'ai trouvé l'idée géniale ! Au bout du compte, cette initiative a non seulement permis de réaliser des ventes, mais elle a en plus démontré que nous étions capables de rebondir face à l'imprévu. À notre place, d'autres entreprises auraient sans doute monté une cellule de crise et multiplié les discours rassurants. Nous avons choisi l'autodérision, et nos clients ont apprécié : ils ont été nombreux à nous écrire pour nous féliciter de notre réaction.

Cette idée aurait-elle pu naître dans l'esprit des collaborateurs sans la semaine de 4 jours ? Peut-être... Mais sans doute pas aussi rapidement. Et sa réalisation aurait été également plus compliquée. Car entre l'idée de départ, la conception graphique de la campagne et sa mise en ligne sur le site Internet, il aurait pu s'écouler des jours avant que cette promotion soit vraiment effective pour les clients. Là, tout a été fait en un jour. Aujourd'hui, ce type de fulgurance est presque monnaie courante dans l'entreprise, et les métiers dits « créatifs » ne sont pas les seuls concernés, bien au contraire : la créativité s'observe également dans des services dont le travail exige la plus grande rigueur, comme la DSI[30]. Chez nous, la DSI est une direction cruciale : elle gère à la fois nos systèmes d'information internes, notre site marchand et notre activité de création de jeux vidéo (ou de contenu de formation) en réalité virtuelle. Mais ne me croyez pas sur parole : lisez plutôt ce que dit Laurence, la directrice, sur la créativité induite par la semaine des 4 jours.

Laurence L., Directrice des systèmes d'information

> *La semaine de 4 jours ne permet pas seulement de faire d'autres choses en dehors du travail : elle induit aussi beaucoup de créativité. Par exemple, c'est durant mon jour « off » que m'est venue l'idée de communiquer autrement à destination des clients et prospects de LDLC VR Studio (notre activité de jeux vidéo et de contenu de formation interactive en réalité virtuelle). Comme il s'agit d'un marché naissant, il fallait trouver le moyen de créer un impact fort, d'autant que nous nous adressons à des opérateurs déjà installés qui n'ont pas forcément l'idée d'inclure la réalité virtuelle à leur offre traditionnelle.*
>
> *De manière générale, ce jour supplémentaire de liberté permet de prendre du recul, de dresser un bilan de la semaine écoulée, d'établir de nouvelles priorités. Mais attention : cela ne veut*

30 - Direction des systèmes d'information

pas dire qu'on travaille sans être au travail ! Le mécanisme s'opère plutôt de façon inconsciente, sans le moindre effort de réflexion.

Pour être honnête, je n'avais pas du tout imaginé que la semaine de 4 jours puisse accroître la créativité dans l'entreprise. Mais je m'en félicite (et c'est d'ailleurs l'une des raisons qui m'encouragent à promouvoir cette organisation), car avec le recul, je mesure à quel point la créativité nous a aidé par le passé. Sans cette capacité à sortir des sentiers battus, à analyser nos échecs pour en extraire le meilleur, nous n'aurions sans doute pas lancé notre marque de puériculture en 2015. Ce projet n'est pas né *ex nihilo* : il a été inspiré par un autre projet, un site dédié à la vente d'équipements pour la maison qui n'avait pas du tout rencontré son public, hormis pour sa partie « puériculture ». S'il n'y avait pas eu cette précédente tentative pour nous donner envie d'aller sur ce marché, nous ne l'aurions pas fait, car la concurrence y est rude. En outre, je rappelle que notre cœur de métier, c'est l'informatique : pour l'essentiel, nos clients sont soit des entreprises, soit des particuliers à la sensibilité « tech » très prononcée (c'est-à-dire des hommes, le plus souvent). Et pourtant, sept ans après son lancement, *L'Armoire de Bébé* se porte très bien : l'enseigne compte déjà huit magasins physiques et nous prévoyons d'ouvrir plusieurs autres points de vente dans les mois qui viennent. L'équipe qui s'en occupe est à taille humaine et hyperinvestie. Encouragée par les succès obtenus jusqu'ici, elle a décidé de lancer

« Naissance », une première ligne de produits en propre, dessinée et conçue par ses soins.

Je suis désormais convaincu que la créativité dans l'entreprise sera source de croissance dans les années à venir. J'ignore encore comment cette croissance se manifestera, mais j'imagine bien de nouveaux marchés, de nouvelles activités, et des rouages de l'entreprise qui continueront de s'améliorer. Et si, admettons-le, toutes les décisions majeures qui concernent la stratégie demeurent de ma responsabilité, je sais que je pourrais compter sur les collaborateurs du groupe pour m'aider à défricher de nouvelles pistes. Quand on plante une graine, on a tendance à croire que c'est uniquement grâce à elle que l'on obtiendra une fleur, une plante ou un arbre. Or, il ne faut pas oublier que l'écosystème qui l'entoure est tout aussi important : c'est lui qui permettra à la graine de se développer, de vivre sa destinée. Plus cet écosystème est sain, plus la fleur, la plante ou l'arbre sera en bonne santé et à même de se perpétuer !

L'égalité femmes-hommes

Plus tôt dans ce livre, j'ai indiqué que l'écart de taux d'activité entre les femmes et les hommes s'est considérablement réduit depuis les années 1970. Aujourd'hui, les femmes sont presque aussi nombreuses que les hommes à occuper un emploi salarié. Mais cette apparente égalité en matière d'accès à l'emploi dissimule de criantes disparités. Ainsi, en 2018, près de 30 % des salariées françaises occupaient un emploi à temps partiel – une proportion qui s'établit à seulement 8 % pour les hommes[31]. Et, bien sûr, cet écart entre hommes et femmes est d'autant plus important que le nombre d'enfants à charge est élevé : dans les familles avec trois enfants, le travail à temps partiel concerne ainsi plus de 40 % des femmes. Cela n'est pas sans conséquences sur leur protection sociale, car du travail en moins, ce n'est pas seulement du salaire en moins : c'est aussi des cotisations sociales réduites, donc une future pension de retraite inférieure à celle que peut espérer un salarié à temps plein. D'après l'Insee, la pension de retraite dite « de droit direct » des femmes est inférieure de plus de 40 % à celle des hommes. Si l'on tient compte de la majoration pour enfants et de l'éventuelle pension de réversion (dans le cas où le conjoint serait décédé), cet écart tombe un peu en dessous de 30 % – ce qui demeure, vous en conviendrez, assez significatif.

Malgré ces inconvénients, un grand nombre de femmes se sentent coupables de demander un temps partiel à leur employeur. Je l'avoue, je n'aurais jamais imaginé que cela puisse être le cas : c'est en discutant avec des salariées que j'en ai pris conscience. Et au fond, quand on y réfléchit bien, cela n'a rien

31 - Tableaux de l'économie française, édition 2020, Insee.

d'étonnant. Ceux qui travaillent dans des groupes où règne la culture du paraître ont tous entendu au moins une fois la boutade « tu prends ton après-midi ? » adressée à un collègue ayant eu l'audace de quitter son poste à 17 heures. Dans les professions intellectuelles qui facturent leurs clients en fonction du temps passé sur le dossier (auditeurs, consultants, avocats, etc.), les collaborateurs sont souvent obligés de prétexter un examen médical s'ils veulent s'extirper du bureau un peu plus tôt qu'à l'accoutumée. Pourtant, on ne me fera pas croire que dans l'immense majorité des cas, le travail qui est mis sur le côté le lundi ne pourra pas être accompli le mardi ou le mercredi de la même manière, sans conséquences fâcheuses pour l'entreprise ou pour ses clients.

D'où nous vient cette manie de vouloir à tout prix être *présents* ? Cette attitude provient sans doute en partie de notre éducation : tous, nous avons été obligés d'être présents à l'école, même si nous connaissions déjà le contenu du cours – ou, à l'inverse, même si nous étions trop largués pour avoir encore l'espoir d'y comprendre quoi que ce soit. Nous sommes présents parce que nous devons l'être, parce que le système nous éduque ainsi. C'est un moyen de montrer qu'on est bien là, qu'on s'intéresse, qu'on n'abandonne pas, qu'on fait passer son entreprise avant tout – même si notre tête, elle, est ailleurs. Certains, totalement impliqués, sont réticents à s'absenter du travail, que ce soit ponctuellement (pour résoudre une affaire personnelle), ou régulièrement (dans le cadre d'un temps partiel), car ils sont convaincus que s'ils s'arrêtent un instant, le monde va s'arrêter de tourner ou partir de travers.

Pourtant, être absent ne signifie pas être injoignable : avec les moyens de communication dont nous disposons aujourd'hui (téléphone, visio, messages, emails), si nous voulons joindre un collègue qui n'est pas là, nous n'avons que l'embarras du choix. Les années Covid nous ont d'ailleurs involontairement propulsés dans cet univers : dans toutes les entreprises, il a fallu organiser des réunions à distance tout en tenant compte des contraintes de chacun (Rendez-vous médicaux ou administratifs, impératifs familiaux, etc…)

À votre avis, que redoutent le plus les salariés absents ? Que leur travail se déporte sur leurs collègues. Ils éprouvent de la culpabilité à l'idée de surcharger les autres membres du collectif ou, alors, ils craignent d'être ostracisés. Leur raisonnement est le suivant : « pourquoi me confierait-on de nouvelles missions si je ne suis pas capable d'accomplir de bout en bout celles que j'ai déjà ? ».

Pour toutes ces raisons, Gaëlle a hésité plusieurs mois avant de demander un temps partiel de 80 %. La mise en place de la semaine de 4 jours lui a permis de récupérer l'intégralité de son salaire, mais aussi de ne plus se sentir coupable vis-à-vis de ses collègues.

Gaëlle M., chargée de communication interne et des partenariats

Je suis arrivée chez LDLC en 2014. J'ai d'abord travaillé à la relation client, avant de rejoindre le marketing puis la communication. En 2020, quelques mois après être revenue de mon congé maternité, j'ai demandé à obtenir un temps partiel. L'objectif, pour moi, était de passer un peu plus de temps avec mon fils, de le voir grandir, tout simplement. Mais cette décision n'a pas été facile à prendre : outre la perte de salaire, je craignais pour ma carrière. Et puis, il faut bien le dire : je redoutais aussi d'être le vilain petit canard de l'équipe, celle qui fait ralentir les dossiers parce qu'elle est absente un jour par semaine.

Le passage à la semaine de 4 jours a tout changé : j'ai récupéré la totalité de mon salaire, et je n'éprouve plus de culpabilité, puisque tous mes collègues travaillent le même nombre de jours que moi. L'une de mes amies, salariée dans une autre entreprise, m'envie beaucoup : après avoir travaillé à 80 % pendant plusieurs années, elle a été obligée de reprendre son activité à temps plein. Son employeur a bien voulu lui accorder un mercredi après-midi sur deux, à condition qu'elle rattrape ses heures. Mais elle n'arrête jamais de courir, elle est exténuée.

Sur le plan financier, la semaine de 4 jours me permet d'économiser environ 150 euros sur les dépenses de crèche. Et mon rapport au travail a évolué : quand on a un employeur qui fait à ce point confiance à ses équipes, on a envie de s'investir davantage. Paradoxalement, depuis le passage aux 4 jours, je suis beaucoup moins dans l'urgence. J'ai appris à prioriser : par exemple, je ne réponds plus aux sollicitations qui me sont adressées sur LinkedIn. Désormais, si l'on veut me proposer un partenariat, il faut utiliser les canaux officiels !

Aujourd'hui, tous nos salariés sont logés à la même enseigne. Les femmes n'ont plus besoin de demander un temps partiel, avec les inconvénients que cela implique en termes de salaire, de cotisations sociales ou d'avancement de carrière. Mieux : les hommes, qui, rappelons-le, n'ont droit qu'à 25 jours de congé paternité, peuvent eux aussi mettre à profit ce jour « off » pour s'occuper davantage de leurs enfants et, qui sait, s'investir un peu plus dans les tâches domestiques !

Un dialogue social apaisé

Il y a de cela quelques années, le dialogue social n'était pas au beau fixe chez LDLC. Malgré ma volonté de créer un climat qui soit sain, les difficultés que traverse une entreprise, ajoutées aux mauvaises décisions prises çà et là, dégradent parfois l'ambiance de travail. À l'entrepôt, notamment, les relations étaient très compliquées : la menace du « délit d'entrave » planait comme une épée de Damoclès sur chaque réunion du comité d'entreprise. Certains représentants du personnel avaient le chic pour mettre la direction mal à l'aise et la placer en permanence dans une posture défensive. Tout était sujet à revendication ou à contestation. Mais il faut aussi dire qu'à cette époque, notre organisation était beaucoup plus hiérarchique : managers, cadres opérationnels, directeurs… Tous ces métiers avaient les yeux rivés sur leurs tableaux de bord et n'étaient pas suffisamment connectés au terrain pour en appréhender de la meilleure manière possible les vraies problématiques, pourtant parfois très simples et très concrètes. Si bien qu'entre la direction, solidaire de ses managers, et les élus, soucieux de porter la voix des salariés, le fossé ne pouvait que se creuser. Comme dans toute situation difficile, les collines se transforment rapidement en montagnes...

Ce type d'épisode, je sais que de nombreux chefs d'entreprise y sont confrontés. Lorsque les réunions stériles ou vindicatives se succèdent, les patrons ont tendance à jeter l'éponge : ils laissent leur Direction des Ressources Humaines seule aux manettes ou recrutent un responsable de relations sociales – et se contentent, de temps à autre, de jeter un regard désabusé aux procès-verbaux de séance. Mais si ce désengagement est salvateur sur le moment (n'oublions pas que les patrons, eux aussi, ont leur sensibilité), il adresse un message désastreux aux élus, qui en arrivent très vite à la conclusion suivante : la direction n'a aucune intention de s'intéresser aux « vrais » sujets. Ce qui a pour effet de dégrader encore davantage le dialogue social, et de donner naissance à des revendications plus lunaires les unes que les autres. Pour illustrer mon propos, je peux vous parler de cette administration dans laquelle les élus ont exigé que des miroirs soient installés aux angles des murs. Objectif : « éviter le télescopage des agents dans les couloirs ».

Ou encore de cette entreprise pharmaceutique, où, immédiatement après avoir obtenu le remplacement des voitures de fonction par des véhicules de la gamme supérieure, les élus sont revenus à la charge en exigeant de nouveaux modèles équipés d'une transmission automatique ! Si ces revendications prêtent à sourire, elles révèlent aussi un dialogue social brisé, où chacun se refuse à traiter des sujets importants pour l'entreprise et ses salariés, et où tout devient prétexte à réclamer davantage.

En psychologie, cette attitude qui consiste à transférer la véritable problématique sur des sujets de moindre valeur porte un nom : le « déplacement ». Au fond, dans les exemples que j'ai cités, le problème ne concernait sans doute pas la bonne circulation des agents dans les couloirs ou la boîte de vitesses des véhicules de fonction : il était ailleurs. Mais comme on ne voulait pas le nommer, on s'est emparé d'autres sujets pour en faire les catalyseurs de tous les maux de l'entreprise.

En évoquant cela, mon intention n'est pas de jeter la pierre aux représentants du personnel. Si ceux-ci ont parfois tendance à chicaner – voire même à bloquer le dialogue, c'est sans doute parce que de leur côté, patrons et dirigeants ne se montrent pas toujours très réceptifs aux questions qui impliquent des transformations d'ampleur dans l'entreprise. Ces sujets sont souvent examinés avec un œil analytique, sans considération suffisante pour les aspects humains. Par ailleurs, certains patrons ont le sentiment que quoi qu'ils fassent, on leur réclamera toujours plus. J'avoue que moi aussi, par moments, j'ai eu cette même pensée.

Pour autant, combien de dirigeants seraient prêts à entendre que leurs managers sont trop contrôlants ? Combien accepteraient de modifier leur organigramme et leurs process pour accorder davantage d'autonomie et de confiance aux collaborateurs, voire les laisser maîtres des décisions qui les concernent directement ? Combien oseraient transformer leur organisation pour favoriser le bien-être des salariés, et pas seulement le bien-être « au travail » ?

Début 2018, constatant que nous n'étions plus très loin de l'impasse, j'ai décidé d'aller moi-même à la rencontre de toutes les équipes, y compris celles de la logistique. Cela a permis de crever l'abcès et de mettre sur la table les vrais problèmes – parmi lesquels, un manque de confiance de la part du management de proximité. Bloqués par un historique tendu, les cadres de l'entrepôt jugeaient la situation perdue. Un sentiment partagé par les équipes, qui venaient au travail presque à reculons.

Année après année, rencontre après rencontre, en mettant en place un dialogue direct et transparent avec toutes les équipes, puis en associant la parole aux actes, sans fausses promesses, ainsi qu'en expliquant la réalité économique de l'entreprise avec honnêteté, la confiance et l'envie se sont réinstallées, et les rapports entre direction et salariés ont retrouvé de la sérénité. Mais je crois que la clé, pour un dialogue social de qualité, est de devancer les revendications des élus – et même, lorsque cela est possible, d'anticiper les solutions susceptibles d'améliorer le bien-être. Lorsque j'ai exposé mon projet de semaine de 4 jours sur 32 heures sans baisse ni gel de salaire, les représentants du personnel n'en revenaient pas. Mais voyez plutôt ce qu'en disent les principaux intéressés.

Patrick L., CFDT

Par le passé, il y a eu des réunions mouvementées. À l'entrepôt, notamment, les salariés avaient besoin de se faire entendre.

Quand Laurent nous a présenté son projet de semaine de 4 jours, nous avons tous été surpris. Si personnellement, j'étais favorable à cette nouvelle organisation, je me suis quand même posé des questions : les cadres allaient-ils réussir à condenser leur travail sur quatre jours ?

Mais aujourd'hui, l'ensemble des salariés sont très satisfaits de la situation. Ils ont retrouvé une vie de famille et n'ont plus besoin de poser un jour de congé pour se rendre aux impôts ou à la banque. Dorénavant, il serait difficile de revenir en arrière, tant le bien-être dans l'entreprise est élevé… Je ne sais même pas quels sujets aborder lors des prochaines négociations : peut-être l'écologie, les modes de déplacement…

Dans ces domaines, il y a sans doute encore des choses que nous pouvons améliorer.

Aurore G., CFE-CGC

D'emblée, j'étais sceptique. Je travaille en logistique, où nous avons une cadence à tenir, et je pensais que la semaine de 4 jours allait induire davantage de pénibilité au quotidien.

Aujourd'hui, je constate que les salariés sont beaucoup plus reposés, plus détendus. La vie privée et la vie professionnelle, c'est un tout : quand on est bien dans l'une, ça se répercute sur l'autre. J'exerce le métier d'animatrice QHSE : depuis que l'entreprise a adopté la semaine de 4 jours, nous constatons une baisse du taux d'absentéisme. Celui-ci est passé de 6 % en 2019 à 5 % en 2021, malgré un grand nombre d'arrêts maladie liés à l'épidémie de Covid. L'évolution la plus impressionnante concerne les absences non justifiées.

En 2019, nous avons enregistré plus de 2 400 journées d'absence qui n'étaient dues ni à un arrêt maladie, ni à un accident du travail, ni à un congé maternité ou à un évènement familial. En 2021, ce chiffre est tombé à ... zéro ![32]

Fidélisation et attractivité

Aux États-Unis, la crise sanitaire a entraîné une vague de départs sans précédent pour les entreprises : en 2021, plus de 38 millions d'employés ont quitté leur

32 - Détail calcul : Nombre de journées d'absence non justifiées = nombre de journées d'absence total – (arrêts maladie + accidents travail et trajet + maternité/paternité + congés autorisés + chômage) ce qui donne en 2 432 en 2019 et 0 en 2021

poste[33]. Cela représente près de 25 % de la population salariée. Mais si l'ampleur du phénomène interpelle, elle ne doit pas éclipser les raisons qui ont motivé ces démissions, parmi lesquelles : une rémunération jugée insuffisante, la volonté d'avoir un meilleur équilibre de vie ou de trouver plus de sens à son travail... Certes, outre-Atlantique, le salaire minimum est plus faible que chez nous (fin 2022, un « smicard » américain gagne 7,25 dollars de l'heure), et les inégalités de salaires sont plus criantes[34]. Autant d'éléments qui encouragent les salariés à aller voir si l'herbe est plus verte ailleurs. Mais il faut aussi considérer le fait que les dispositifs de protection sociale y sont moins généreux que chez nous, si bien qu'il est préférable d'y réfléchir à deux fois avant de quitter son poste.

En tant que chef d'entreprise, je m'intéresse forcément à ce qui se passe outre-Atlantique, car, qu'on le veuille ou non, les États-Unis nous influencent de façon considérable : culturellement, ils sont omniprésents sur nos écrans de télévision, dans nos bibliothèques ou dans nos écouteurs de smartphone. Les GAFAM [35], dont nous utilisons quotidiennement les produits, services ou applications,

---

33 - L'immense vague de départs dans les entreprises bouleverse le marché du travail, Le Monde, janvier 2022.

34 - Salaire minimum en proportion du salaire moyen des salariés à plein temps, ODCE.

35 - Acronyme qui représente les géants du Web : Google, Apple, Facebook, Amazon et Microsoft

sont presque tous nés sur la côte ouest, autour de San Francisco ou de Seattle. Et même les mouvements sociaux qui ont traversé notre pays ces dernières années sont nés là-bas. Par conséquent, je ne suis pas surpris que chez nous, les ruptures conventionnelles repartent à la hausse après avoir marqué un arrêt au début de la crise sanitaire[36]. Je ne suis pas étonné, non plus, que certains secteurs comme l'hôtellerie-restauration aient des difficultés à recruter ni que des entreprises qui ont la réputation d'être de « bonnes boîtes » soient confrontées à des mouvements de grèves inédits. Pour être tout à fait honnête, je crois que les entreprises devront redoubler d'efforts dans les années à venir si elles souhaitent fidéliser leurs salariés et en attirer de nouveaux.

À cet égard, la semaine de 4 jours constitue un avantage concurrentiel indéniable. Depuis que nous avons adopté cette organisation, nous n'avons enregistré qu'un très faible nombre de départs. Notre taux de turnover est passé de 10,4 % en 2019 à 2,3 % en 2021 ! Et nous ne rencontrons aucune difficulté à recruter, y compris pour les métiers réputés les plus pénibles (dans un chapitre précédent, j'ai évoqué le fait qu'en logistique, les intérimaires se bousculent presque à notre porte) ou pour les emplois qui offrent des perspectives de carrière limitées : au siège, par exemple, nous n'avons eu aucun mal à trouver une

36 - Graphique « Nombre mensuel de demandes homologuées de ruptures conventionnelles », Dares.

remplaçante pour notre hôtesse d'accueil, qui a récemment fait valoir ses droits à la retraite. À la relation client, la semaine de 4 jours nous permet de recruter des technophiles qui connaissent très bien les produits et les nouveautés. Une qualité rare, mais ô combien essentielle, puisque les gammes sont renouvelées tous les six mois environ. Sans cette appétence de nos conseillers pour la technologie, nous serions obligés d'organiser des formations en permanence.

En définitive, la semaine de 4 jours nous permet d'abord de fidéliser les collaborateurs en poste, d'en recruter facilement de nouveaux, mais, aussi, d'attirer des personnes qualifiées sur des postes qu'elles auraient peut-être refusés sans cet avantage. Inutile de dire que les gens n'hésitent pas longtemps quand ils ont le choix entre rejoindre LDLC ou une autre entreprise. Par ailleurs, nous avons pu constater que dans leur immense majorité, les salariés déjà en poste préfèrent rester chez nous lorsqu'ils sont contactés par des chasseurs de têtes, y compris lorsque ceux-ci leur proposent une meilleure rémunération ailleurs. Preuve, s'il en fallait une, que l'équilibre de vie devient de plus en plus important pour les salariés.

Faire des 4 jours une réalité

La confiance est essentielle

En 2021, Ipsos publiait un sondage amusant sur le niveau de confiance des Français à l'égard d'une quinzaine de métiers différents[37]. On y apprenait que les médecins, scientifiques et militaires bénéficient d'un niveau de confiance relativement élevé, tandis que les politiciens et les publicitaires inspirent plutôt la méfiance. Les chefs d'entreprise, eux, se situent à peu près en milieu de tableau, avec un taux de confiance de 26 %, ce qui positionne notre pays au sixième rang mondial. Pour autant, ce chiffre n'amène pas à se réjouir : si, dans mon entreprise, à peine un quart des salariés m'accordaient leur confiance, nous n'aurions probablement pas pu instaurer la semaine de 4 jours

---

37 - Sondage « Classement des métiers par niveau de confiance », Ipsos, 2021.

aussi facilement. Réciproquement, si je n'avais pas la plus grande confiance en mes équipes, je n'aurais sans doute pas pris aussi vite l'initiative de réduire le temps de travail dans mon entreprise.

Pourtant, la confiance n'a pas toujours été aussi prégnante chez LDLC. Après notre accident logistique, en 2005, j'ai pris conscience que nous ne pouvions plus continuer en mode « start-up ». Avec près de 350 salariés et un chiffre d'affaires avoisinant les 150 millions d'euros, nous n'étions déjà plus une PME. Nous appartenions à une catégorie qui sera créée quelques années plus tard par la loi de modernisation de l'économie : celles des ETI, ou « entreprises de taille intermédiaire ». Ce terme fourre-tout, introduit par le législateur à des fins purement statistiques, n'en reflète pas moins la réalité que nous vivons à l'époque. Car si, en termes d'effectifs et d'indicateurs financiers, nous n'avons plus grand-chose en commun avec la start-up des débuts, nous ne sommes pas encore une grande entreprise avec tout ce que cela implique en termes de structure. Nos process ne sont pas gravés dans le marbre, et notre organisation n'a rien de pyramidale. Chacun, quel que soit son poste, dispose d'une grande liberté pour faire son travail. Mais cette liberté, qui fut si importante pour nous adapter au marché pendant nos premières années d'existence, est-elle toujours adaptée à notre situation ? Le moment n'est-il pas venu de sécuriser davantage notre activité ?

Pour mieux comprendre quelle fut ma réflexion à cette époque, il faut revenir sur l'épisode le plus douloureux de notre histoire. En 2005, pour faire face à la croissance du marché, nous décidons de déménager l'ensemble de la logistique dans un nouvel entrepôt mécanisé. Cette transition est confiée aux équipes logistiques, qui, pour concrétiser ce projet, travaillent main dans la main avec l'un des grands acteurs de la gestion d'entrepôt. Le test que nous réalisons sur 5 % du catalogue est concluant, ce qui signifie qu'en théorie, nous pouvons procéder à la bascule. Oui, mais voilà : sitôt le feu vert donné, le système se grippe complètement. À cette époque, nous expédions environ 1 500 colis par jour, si bien qu'au pire moment de la crise, nous accumulons 35 000 colis en retard. Les clients nous insultent ; notre image part en lambeaux. J'envisage même un moment de vendre l'entreprise à un concurrent pour un euro symbolique afin de sauver le navire. Finalement, nous déconnectons les parties du logiciel qui posent des problèmes, nous développons des ponts (quelques mois plus tard nous finirons par concevoir notre propre programme), et nous parvenons à nous en sortir. Mais l'année, elle, est fichue : alors que le marché est en pleine expansion, nous enregistrons 40 % de décroissance, des pertes abyssales, et nous avons désormais une image de marque à reconstruire. D'ailleurs, sur le marché, tout le monde pense que notre aventure est terminée. En interne, les équipes sont exténuées par les sacrifices qu'elles ont dû consentir pour sauver l'entreprise. Malheureusement, nous n'aurons pas d'autre choix que de geler les salaires pendant deux ans. L'ambiance s'en ressentira, et de bons éléments préféreront nous quitter pour aller voir ailleurs. De notre côté, mon frère et moi cherchons à comprendre ce que l'entreprise vient de traverser. Nous finissons par nous dire que nous ne pouvons plus nous permettre de fonctionner comme à nos débuts, et nous décidons de lancer un chantier de structuration. Plus tard, nous prendrons conscience que ce qui met en péril une société, c'est de se priver de toutes les intelligences disponibles. À l'époque, le projet a été porté par quelques personnes en interne, ainsi que par des experts extérieurs pour lesquels le e-commerce était quelque chose de nouveau. Depuis, à chaque nouveau projet, nous nous efforçons d'unir au maximum les intelligences et les compétences.

La structuration de l'entreprise ne s'est pas faite du jour au lendemain, mais peu à peu. Nous avons commencé par recruter quelques profils « capés » pour prendre en charge certaines portions de l'activité. Année après année, de nouveaux directeurs sont venus grossir nos rangs. Ceux-ci ont ensuite recruté managers, cadres opérationnels, chefs d'équipe… Puis, comme si cela ne suffisait pas, nous avons créé un nouvel échelon de direction générale pour « contrôler » et mieux manager l'ensemble de nos directeurs.

Pour le dirigeant que je suis, ce mille-feuille hiérarchique offre de sérieux avantages en termes de pilotage et de prise de décision. Je ne me repose plus que sur trois ou quatre personnes : celles-ci sont chargées de contrôler tout ce qui se passe et de mettre en musique les idées imaginées lors des comités stratégiques. Si j'ai besoin d'informations, il me suffit de solliciter l'une de ces personnes qui me fait un topo sur les compartiments de l'activité dont elle est responsable. Mais ce que j'ignore encore, c'est que cette structuration ne sera pas sans conséquence sur la confiance. Car disons-le sans ambages : un grand nombre de managers ne savent pas exercer leur métier sans lui adjoindre une posture contrôlante, voire manipulatrice – et vont parfois jusqu'à déformer volontairement l'information qui passe par eux. En outre, c'est une règle absolue : moins un manager possède lui-même les compétences qu'il exige de ses subalternes, plus il aura tendance à contrôler, à chercher la moindre faille sur les points qu'il maîtrise pour retoquer le travail et les idées dont il ne comprend pas l'intérêt (mais qui sont souvent pleines de bon sens, puisqu'elles émanent des personnes les plus directement impliquées). Si bien que pendant toute cette période d'hyperstructuration, la vision de l'entreprise qui me sera présentée sera de plus en plus éloignée du terrain, de plus en plus analytique et stratégique – et, surtout, de plus en plus déshumanisée. D'ailleurs on m'expliquera régulièrement que ce n'est pas à moi d'aller voir les équipes pour ne pas court-circuiter ou désavouer les managers. Et même si j'ai du mal à accepter ce principe, force est de reconnaître que je m'y conformerais de plus en plus…

À cause de cet arbre hiérarchique généreusement fourni, l'entreprise s'est retrouvée en l'espace de quelques années dans une situation ubuesque : dans de nombreux services, nous avons dû recruter pour compenser le temps perdu en contrôles et validations de toutes sortes. Au marketing, où le travail des créatifs devait satisfaire la subjectivité de quatre supérieurs hiérarchiques, il a même fallu tripler le nombre de postes.

Je pourrais citer de nombreux exemples du même acabit, mais la réalité est celle-ci : la structure, aussi confortable soit-elle pour les dirigeants, ralentit considérablement le travail des équipes. Elle nuit à la confiance que les collaborateurs ont en eux-mêmes et en leurs collègues, ainsi qu'à l'autonomie et à l'engagement. Mettons-nous quelques instants à la place d'un collaborateur qui, jour après jour, nourrit le sentiment de n'avoir aucune liberté, et qui doit sans cesse recommencer son travail pour faire plaisir à sa hiérarchie. Combien de temps lui faudra-t-il avant de se désinvestir complètement ? De chercher à comprendre comment avoir « juste » du premier coup, sans exister lui-même à travers ce qu'il produit, sans y mettre de créativité, juste en essayant de plaire ?

Jean-François Zobrist, pionnier de l'entreprise libérée en France, a coutume de dire que « *c'est celui qui fait qui sait* ». Je suis entièrement d'accord avec cette phrase : si nous recrutons des salariés, c'est pour leurs compétences, pas pour leur capacité à refaire, comme des robots, un travail dans lequel leur personnalité ne s'exprime plus. De fait, si l'on en croit Zobrist, il y aurait dans les entreprises tout au plus 3 % de salariés qui cherchent à tout prix à échapper à leurs responsabilités. Dans ces conditions, est-il vraiment nécessaire de mettre en place une multitude d'échelons hiérarchiques et de contrôles en tous genres ?

Olivier de la Clergerie, Directeur général

Quand on structure, chacun a tendance à chercher son petit pré carré de pouvoir. Comme, dans une entreprise, le pouvoir est directement lié au nombre de personnes qu'on manage, on recrute. Si bien que peu à peu, on se retrouve à la tête d'un effectif surdimensionné. Pour autant, cela ne veut pas dire que les gens ne font rien, car on les occupe. Mais leurs occupations deviennent simplement le résultat d'un système de procédures et de contrôles renforcés. Au bout d'un moment, comme le quotidien se complexifie, on est bien obligé de mettre en place des réunions pour discuter de ces complexités. Et c'est ainsi que progressivement, l'administratif prend vie et que la bureaucratie mène une existence indépendante, sans aucun lien direct avec l'activité.

C'est ainsi qu'à l'université d'État de Californie, le nombre de cadres et d'administrateurs professionnels est passé de 3 800 en 1975 à 12 183 en 2008, alors que sur la même période, à peine plus de 400 postes d'enseignants ont été créés – et que de surcroît, ceux-ci ont le sentiment qu'on leur demande de gérer de plus en plus d'administratif[38].

38 - Travailler, la grande affaire de l'humanité, James Suzman, Flammarion, 2021.

Quand les managers deviennent leaders

En 2017, lors d'un voyage d'affaires, mon directeur commercial m'avait proposé la lecture d'un ouvrage qui, d'après l'idée qu'il se faisait de mon tempérament, serait susceptible de me plaire. Il s'agissait du *patron qui ne voulait plus être chef*, d'Alexandre Gérard, PDG de la société CHRONO Flex.

Dans ce livre, Alexandre Gérard explique la démarche qu'il a suivie pour transformer sa société en entreprise libérée. Ce fut pour moi une véritable révélation. Mes vacances débutaient quelques jours plus tard : alors que j'étais supposé profiter des pistes de ski en famille, j'ai préféré rester dans la chambre d'hôtel pour me renseigner davantage sur ce modèle d'entreprise en consultant frénétiquement les articles et en enchaînant les vidéos consacrées à des personnalités publiques telles que Jean-François Zobrist, Isaac Getz ou Frédéric Laloux.

Peu à peu, à mesure que je me familiarisais avec ce concept, j'ai pris conscience du mauvais pas dans lequel nous nous étions engagés. En surstructurant l'entreprise, j'avais fait exactement ce qu'il fallait pour perdre en agilité et dégrader le bien-être des équipes. En voulant naturellement ressembler aux autres, j'avais perdu une entreprise qui, autrefois, était bien plus flexible et sereine qu'elle ne l'était à présent. Durant ces quelques jours, j'ai compris que si je voulais revenir en arrière, il allait falloir déstructurer et apprendre aux encadrants à faire confiance aux équipes. Cette aptitude à la confiance, j'allais sans doute être obligé de l'imposer… Mais ce serait également, je l'espérais, ma dernière décision, 100 % contrôlante.

En 2018, j'ai donc pris l'initiative de réunir les directeurs pour leur annoncer que nous allions changer notre façon de manager et que, pour y arriver, nous allions suivre une formation organisée par Alexandre Gérard. Je suis également allé à la rencontre de tous les collaborateurs, rassemblés par groupes de quinze ou vingt, pour leur expliquer que l'entreprise ne fonctionnait plus comme que je le souhaitais, et que dorénavant, priorité serait donnée au bien-être. Nous ne nous fixerions plus d'objectifs à atteindre, à moins qu'ils soient vraiment hors de portée : par exemple, j'aime dire à qui veut l'entendre qu'un jour nous rachèterons Amazon, car je considère que nous avons besoin d'ambitions pour avancer. Ma conviction était que si nous parvenions à améliorer le bien-être dans l'entreprise, les résultats suivraient.

Lorsque les formations furent terminées, je suis retourné devant les salariés pour leur adresser le message suivant : « Celles et ceux qui, dans leur quotidien, ont encore affaire à un manager directif ou trop contrôlant doivent venir m'en parler, car ce n'est pas ce que je veux pour l'entreprise ». Cette seule intervention a permis de relancer une dynamique positive – même si, sur le coup, de nombreux salariés ont douté que la situation puisse véritablement changer, et même si bien sûr tout n'a pas changé du jour au lendemain. Aujourd'hui encore, même si d'immenses progrès ont été réalisés, tout n'est pas parfait. Le naturel revient parfois au galop.

Depuis, j'ai conservé cette habitude : chaque année, je consacre une semaine entière à rencontrer les mille collaborateurs du groupe. Concrètement, cela implique d'organiser une cinquantaine d'entrevues par petits groupes sur les trois sites principaux de l'entreprise. Ainsi, chaque salarié peut me poser ses questions sur la marche de l'entreprise, la stratégie, la vision, et nous pouvons discuter de ce que l'on peut améliorer. Pour le dirigeant que je suis, ces rencontres sont d'une valeur *inestimable* : elles me permettent de prendre le pouls des équipes, de mesurer leur bien-être, et de connaître leurs aspirations.

Sachez-le : une simple question émise par l'un de vos salariés peut vous en apprendre beaucoup sur le fonctionnement d'un service ou d'une activité. Car si pour ce salarié, il s'agit d'une interrogation, pour vous, cette interrogation est une réponse ou une confirmation de quelque chose que vous pressentiez. Je me souviens encore de cette fois où l'une des personnes chargées du ménage m'avait demandé pourquoi nous utilisions toujours les produits d'entretien les moins chers – en m'expliquant que ce sont aussi les moins efficaces. La réponse, je la connaissais : c'était par souci d'économie. Mais la personne des services généraux qui passait commande, elle, ne se trouvait pas sur le terrain : elle n'avait donc pas conscience que l'inefficacité des produits démotivait considérablement son collègue chargé de l'entretien et que, par conséquent, économiser un euro sur un bidon de détergent n'était pas forcément la chose la plus judicieuse à faire.

Ces réunions annuelles, je les débute toujours de la même façon : *« bonjour à tous, merci d'être là. Je n'ai rien de spécial à vous dire, mais je suis sûr que vous, vous avez des questions. Pendant une heure vous pouvez m'interroger sur les sujets de votre choix. Je répondrai en toute transparence, à condition que ce ne soit pas trop personnel, que j'aie la réponse, et que la loi m'autorise à vous la donner »*. D'un groupe à l'autre, les questions varient. Mais lorsque les rencontres sont terminées, les réponses que j'ai pu apporter circulent très vite dans l'entreprise.

Au cours de ces réunions, les managers m'ont fait part de leurs doutes sur leur capacité à gérer une équipe sans exercer la moindre posture contrôlante. *« Vous ne les connaissez pas Laurent, si on leur laisse davantage de liberté, ils ne feront plus rien »*. C'est vrai, dans toutes les entreprises, il y a des tire-au-flanc. Mais, comme je l'indiquais un peu plus tôt, ceux-ci ne représentent qu'une faible proportion de l'effectif (moins de 3 %). Alors, pourquoi ne pas les ignorer, plutôt que de considérer que leur comportement vaut pour la totalité des salariés et de pénaliser ainsi tous les autres ?

Cette initiative n'a pas été appréciée de tous, plusieurs managers ont ainsi préféré quitter l'entreprise. À ceux qui souhaitaient rester, j'ai proposé un accompagnement directement inspiré de ce qui se fait dans les entreprises dites « libérées ». Dans ce type d'entreprises, on ne parle pas de « managers », mais de « leaders ». La différence réside dans la posture : un leader n'est pas contrôlant, il ne cherche pas à avoir le dernier mot. Comme le manager, il est responsable du travail de son équipe, mais lorsque celle-ci travaille dans la confiance, cette responsabilité est à peine perceptible. Le leader anime, il conseille, il fait grandir. Mais ce n'est pas tout : contrairement à un manager, souvent désigné, un leader est plutôt élu par les membres de son équipe pour ses compétences professionnelles et pour *ses qualités humaines.* **Sa légitimité est donc établie d'emblée**, d'autant qu'il demeure un membre actif de l'équipe, un peu comme l'est un délégué de classe. Chez LDLC, les managers qui ont voulu faire la transition vers le rôle de leader ont la plupart du temps été accompagnés par nos coachs internes. Dans les services où les managers sont partis, nous avons fait élire des leaders pour les remplacer.

J'évoquais un peu plus tôt notre service marketing, qui avait vu son effectif tripler pendant nos années de structuration : aujourd'hui, ce service fonctionne sans directeur et sans manager, mais il a son leader, Nicolas, avec qui je discute régulièrement, puisqu'il n'y a plus aucun échelon hiérarchique entre nous deux.

Nicolas V., Leader marketing

Le rôle de leader, ça a changé ma vie. À la base, je suis un créatif, je n'aime pas contrôler. Mais lorsque j'étais manager et sous la responsabilité de la directrice marketing, je n'avais pas le choix : en permanence, je devais être capable de prouver que les équipes faisaient bien ce qu'on leur demandait de faire. Le problème, quand on passe son temps à contrôler, c'est que les salariés finissent par se déresponsabiliser. Or, moins on se sent responsable de son travail, plus on commet d'erreurs. À une époque, j'étais obligé de me connecter chaque soir à minuit – l'heure à laquelle le site se met à jour – pour vérifier les graphismes, les bannières, etc. Si je notais une imperfection, j'adressais un email au salarié concerné pour lui demander de faire mieux la prochaine fois. Quand je suis devenu leader, j'étais ravi de pouvoir abandonner cette posture contrôlante : j'ai prévenu mes collègues que dorénavant, je ne vérifierai plus leur travail. En conséquence, tous se sont de nouveau responsabilisés, et nous sommes désormais bien plus efficaces que par le passé.

Si, pour Nicolas, la posture de leader coulait de source, d'autres managers ont éprouvé le besoin d'être accompagnés sur la durée pour faire évoluer leur approche du métier. C'est la raison pour laquelle nous avons créé trois postes de coach, tous occupés par des salariés qui souhaitaient évoluer, et qui se sont formés auprès de l'institut Repère. Le rôle des coachs fut primordial pour faciliter notre évolution vers un fonctionnement moins hiérarchique. Car les postures contrôlantes ne naissent pas *ex nihilo* : certaines découlent d'habitudes prises au cours de la carrière professionnelle ; d'autres sont plus enracinées, elles puisent leur source dans des émotions ou sentiments comme la peur, la méfiance ou l'insécurité. Le rôle du coach consiste alors à aider l'encadrant à devenir davantage conscient de ses émotions pour établir de nouvelles relations avec son équipe.

Carole A., coach interne

En règle générale, un coaching dure six mois et comprend 8 à 10 séances. L'originalité, chez LDLC, est que nous proposons notamment une relation bipartite : l'accompagnement se fait uniquement entre coach et coaché, sans intervention d'un tiers prescripteur, que ce soit manager ou ressources humaines comme classiquement dans les entreprises.

Cela permet de créer un climat de confiance : les coachés savent que la confidentialité sera respectée, et ils n'hésitent pas à s'engager dans la démarche.

De manière générale, le coaching permet de mieux se connaître et d'identifier les sources de ses différents comportements ou attitudes…

Un encadrant qui accède à ce niveau de conscience devient capable de changer de posture et d'établir une véritable relation de confiance avec les membres de son équipe.

Supprimer les contrôles inutiles

Réduire les couches de structure, faire évoluer le rôle des managers... Ces chantiers, nous les avons menés tambour battant. Il a suffi d'à peine 18 mois pour que l'entreprise adopte l'organisation qui est la nôtre aujourd'hui. En parallèle, nous avons cherché à éliminer les contrôles inutiles. Car, comme l'expliquait mon frère Olivier, lorsqu'une entreprise se hiérarchise, il arrive un moment où la structure mène son existence propre – exactement comme dans le dessin animé *Fantasia*, lorsque les balais prennent leur indépendance vis-à-vis de l'apprenti sorcier ! En logistique, par exemple, même les pauses toilettes étaient réglementées : un salarié ne pouvait pas se rendre au petit coin en dehors des horaires de pause établis – 10 heures, midi ou 16 heures. Certains chefs d'équipe, plus conciliants que d'autres, laissaient faire. Mais la règle était bien celle-ci : pas de pause, qu'elle qu'en soit la raison, en dehors des horaires de pause ! Ce type de directive n'est pas inhabituel dans les métiers logistiques : en 2021, après avoir essuyé de nombreuses critiques dans la presse et les réseaux sociaux, Amazon a été obligée de reconnaître que, faute de temps, certains de ses salariés devaient faire leurs besoins dans des bouteilles en plastique[39]. D'ailleurs, je ne peux m'empêcher de constater que de nombreuses entreprises qui nous sont présentées comme avant-

---

39 - Le Parisien, avril 2021.

gardistes ont en réalité un modèle social pour le moins contestable. Chez Netflix, par exemple, les managers sont invités à réévaluer régulièrement la composition de leur équipe. C'est ce que l'entreprise appelle le « keeper test ». Concrètement, les encadrants doivent se poser la question suivante : « si une personne de mon équipe m'annonçait sa démission, essaierais-je de la faire changer d'avis ? ». Et au cas où, dans ce dialogue avec lui-même, le manager répondrait « non », alors il doit licencier la personne concernée sur-le-champ. Pour Netflix, ce dispositif présente un avantage : il permet d'avoir, en permanence, les meilleurs professionnels à chaque poste. Mais quelle loyauté peut-on espérer de la part de salariés qui sont constamment assis sur un siège éjectable ? Et quel modèle de société encourage-t-on quand on adopte une philosophie de ce genre ?

Quand j'ai découvert que chez LDLC, le manque de confiance avait abouti à contrôler jusqu'aux besoins physiologiques les plus élémentaires, mon sang n'a fait qu'un tour, et je me suis rendu en personne à l'entrepôt pour discuter avec les principaux intéressés. Si cette règle avait fini par entrer dans les mœurs, les salariés n'étaient pas opposés à la voir évoluer. Après avoir nommé des « facilitateurs » dans chaque équipe, nous avons réfléchi à la manière de nous organiser pour que chacun puisse souffler au moment qui lui convient, sans nuire à la confiance que lui accordent ses collègues ou sa hiérarchie.

Je suppose que vous vous demandez si certains abusent de cette nouvelle liberté… C'est possible, mais je peux vous assurer que l'entreprise n'en pâtit pas. Car en supprimant ce type de contrôle, on adresse un message de confiance. Et cette confiance, les équipes vous la rendent par leur travail, par leur engagement, par leur envie de contribuer à la réussite collective.

Instaurer le droit à l'erreur

Instaurer la confiance dans une entreprise, cela passe aussi par accorder un « droit à l'erreur » aux salariés. Ce n'est pas naturel, j'en conviens, car nous vivons dans une société où l'erreur n'est guère tolérée. L'erreur conduit à l'échec, et l'échec est encore trop souvent stigmatisé. Là encore, je ne peux m'empêcher de faire le lien avec l'éducation que nous avons reçue : à l'école, lorsque j'obtenais une mauvaise note, on me faisait comprendre que je n'avais pas suffisamment travaillé. Il n'était pas question de remettre en cause la façon dont la matière était enseignée. Aujourd'hui certains élèves et leurs parents ont même tendance à rejeter la faute sur le professeur pour se dédouaner, et ne pas chercher au contraire à saisir l'opportunité pour progresser par eux-mêmes. Pourtant, la diversité des intelligences est telle qu'il est impossible d'inculquer des connaissances de façon identique à une trentaine d'élèves différents. Pour cette raison, quand j'ai créé

L'ECOLE LDLC en 2015, j'ai banni les notes et les examens finaux. Les élèves sont évalués sur des travaux pratiques, ils suivent des stages, et, à leur sortie, ils deviennent entrepreneurs ou chefs de projets. Quant à mes enfants, c'est bien simple : ils font l'école à la maison ! J'espère qu'ainsi, ils développeront un rapport à l'erreur et à l'échec un peu différent de celui que nous, adultes, entretenons encore trop souvent. Car chez les générations actuelles de salariés, le droit à l'erreur ne coule pas de source. Pourtant, l'erreur n'est pas une faute professionnelle : elle ne traduit pas une intention de nuire. Ce serait même plutôt le contraire : l'erreur fait partie du processus d'apprentissage et d'acquisition de nouvelles compétences. Quand j'ai appris à coder en *html*, au milieu des années 1990, pensez-vous que je sois parvenu à produire un code parfait du premier coup ? Non, j'ai dû recommencer à plusieurs reprises avant d'aboutir à la toute première version du site. Et c'est en faisant des erreurs que, peu à peu, je suis devenu compétent. Sanctionner les erreurs, cela revient donc à décourager le travail et la prise de risque. Cela équivaut aussi à instiller, dans l'esprit des collaborateurs, l'idée selon laquelle il est impossible de s'améliorer. À l'échelle d'une entreprise, sanctionner les erreurs revient à étouffer la créativité et l'innovation – c'est-à-dire exactement le contraire de ce que souhaite un entrepreneur.

Comment se manifeste le droit à l'erreur chez LDLC ? C'est bien simple : il y a quelques grands principes à respecter et, pour le reste, les salariés sont libres de procéder comme bon leur semble. Aux acheteurs, par exemple, je demande de ne pas racheter des produits qui ne se sont pas vendus par le passé, même si leur prix d'achat a baissé (ce qui permettrait pourtant de pondérer notre prix de vente et de faire baisser le prix catalogue). En effet, après vingt-cinq années à la tête de l'entreprise, j'ai pu vérifier à plusieurs reprises qu'un produit qui ne se vend pas à un moment donné a peu de chances de susciter l'engouement quelques mois plus tard (et même si c'est le cas, la réglementation nous autorise à prendre en compte le nouveau prix d'achat du produit pour fixer notre prix de vente). Hormis cette consigne, les acheteurs du groupe sont libres d'opérer comme ils le souhaitent. S'ils font un mauvais choix, tant pis, cela fait partie du jeu. Car qu'on le veuille ou non, le métier d'acheteur implique de faire des paris. Et il serait bien présomptueux de ma part de leur reprocher que des produits restent en stock : au bout du compte, ce ne sont pas eux, qui décident du succès de telle ou telle référence, mais bien les clients et le marché. Les acheteurs peuvent seulement faire profiter l'entreprise de leur expérience et, ainsi, minimiser les risques de perte.

Toutefois, si vous souhaitez que vos salariés s'autorisent la possibilité de faire des erreurs, vous devez, en tant que dirigeant, apprendre à reconnaître les vôtres et à faire amende honorable lorsque vous en commettez une. Miles Davis, le grand trompettiste de jazz, disait qu'il n'existait pas de fausse note : c'est celle que l'on joue ensuite qui permet de savoir si la précédente était juste ou non. Autrement dit, ce n'est pas tant l'erreur qui compte, que l'attitude que vous adoptez ensuite. Si vous cherchez à la dissimuler, ou, pire, à en attribuer la responsabilité à quelqu'un d'autre, cela ne contribuera pas à créer un climat de confiance dans votre entreprise. Depuis plusieurs années, j'ai pris l'habitude d'assumer chacune de mes erreurs devant mes équipes. Lorsque je prends une décision qui s'avère peu judicieuse, je vais trouver les salariés qui ont travaillé sur le projet pour leur dire que je me suis trompé. Au début, cet exercice ne fut pas facile à réaliser : non pas parce qu'il est douloureux pour l'égo, mais parce qu'en tant que dirigeant, je préfère toujours chercher de nouvelles solutions plutôt que de m'appesantir sur les échecs. Pourtant, reconnaître ses erreurs est primordial si l'on veut que les salariés, eux aussi, s'autorisent à faire un faux pas de temps en temps. Ainsi, j'ai reconnu devant les équipes que l'ouverture de magasins en Espagne avait été une erreur – une erreur qui nous a coûté pas moins de 6 millions d'euros ! Par conséquent, j'estime que je ne peux pas en vouloir aux salariés lorsqu'un projet échoue et entraîne une perte de quelques milliers d'euros seulement. Cela dit, j'encourage aussi les équipes à venir me trouver lorsqu'elles travaillent sur un projet qui implique un risque fort pour l'entreprise, car j'estime que c'est en confrontant nos expériences et nos visions que nous parviendrons le mieux à l'éviter.

Et, même si nous commettons une erreur, nous devons nous souvenir que celle-ci est « apprenante ». Pour illustrer ce concept, je prends souvent l'exemple du GPS et de la carte routière. Aujourd'hui, il est difficile de se passer du GPS : dès que nous opérons un déplacement qui sort de l'habituel, nous utilisons cet outil... et le réutilisons pour effectuer le même trajet une deuxième fois, car pendant que nous suivions ses consignes, nous en avons oublié de mémoriser le parcours. C'était différent avec les cartes routières : lorsque nous élaborions le trajet, la veille du départ, nous nous familiarisions déjà avec les intersections, le nom des routes, les distances kilométriques. Et si nous nous trompions de direction lors du premier trajet, il y avait de grandes chances pour que nous ne commettions pas deux fois la même erreur. Voilà pourquoi l'erreur, si on peut la regretter sur le moment, ne doit pas être perçue comme un mal à éviter à tout prix. C'est grâce à elle qu'on apprend et que l'on devient meilleur.

Limiter le présentéisme

Je bois beaucoup de café. Chaque jour, je quitte mon bureau au minimum à cinq reprises pour aller remplir ma tasse dans la salle de détente qui se trouve au rez-de-chaussée du siège, et qui offre une vue imprenable sur nos deux grandes salles de réunion. Il y a encore quelques années, à chacun de mes passages à la machine, je constatais avec amertume que ces salles – qui peuvent accueillir chacune 25 personnes – étaient constamment occupées, quelle que soit l'heure de la journée. J'ai fait le calcul : si l'on part du principe qu'une réunion dure une heure, et que toutes les heures, 25 salariés se succèdent dans chaque salle, cela veut dire qu'à la fin de la journée, 350 personnes – soit près de la moitié de l'effectif du siège – ont participé à une réunion. Dans quel but ? Quel type de tâche nécessite d'asseoir deux douzaines de collaborateurs autour d'une table ? Les réunions de direction du groupe, elles, se font toujours en petit comité… à la machine à café !

On a coutume de dire que la « réunionite » est un mal typiquement français. J'ignore si c'est vrai. Ce que je sais, en revanche, c'est qu'un salarié ne peut pas être à la fois en réunion et à son poste de travail. Et, si l'on en croit une enquête menée en 2017 par OpinionWay pour le cabinet Empreinte Humaine[40], ces réunions seraient rarement utiles à l'entreprise : ordre du jour absent, décisions remises à plus tard, salariés qui surfent sur Internet ou qui consultent leurs emails… Les réunions sont en fait l'un des symptômes des entreprises trop structurées : elles permettent à la hiérarchie de légitimer son rôle aux yeux des collaborateurs, et nuisent du même coup à l'efficacité et à la productivité du collectif. C'est la raison pour

---

40 - Seule la moitié de vos réunions de travail est réellement productive.

laquelle, un beau jour, j'ai décidé – de manière totalement unilatérale, je l'assume ! – de condamner nos salles de réunion pour une durée de trois mois. Je les ai purement et simplement fermées à clé. Et j'ai annoncé aux équipes que dorénavant, elles devraient se débrouiller autrement pour communiquer. Chacun resterait libre de rencontrer ses collègues, que ce soit à la machine à café, dans l'espace de coworking ou au détour d'un couloir. Mais les grands-messes, c'est terminé !

Inutile de préciser qu'au début, cette décision a fait des mécontents. Par exemple l'équipe qui gère les franchisés s'est demandée comment elle allait organiser ses formations. Les acheteurs ont dû trouver un autre endroit pour recevoir les commerciaux des marques. Et les autres services (DSI, finance, RH, etc.) se sont demandés comment ils allaient bien pouvoir organiser leurs points d'étape. Mais je n'ai pas cédé, il n'y a eu aucune exception. Et, au bout de trois mois, lorsque j'ai réouvert les salles, celles-ci sont restées désespérément vides. Les collaborateurs avaient tout simplement pris l'habitude de se coordonner autrement : ils se réunissent désormais de façon informelle, par petits groupes, si bien qu'aujourd'hui, les deux grandes salles de réunion sont toujours désertes.

Nous l'ignorions encore, mais quelques mois plus tard débuta la crise sanitaire. Chez nous, comme ailleurs, de nombreuses personnes ont décidé de réévaluer leur vie à l'aune de cette situation inédite. Déménagements, reconversions professionnelles… En 2020 – c'est-à-dire l'année qui a précédé la mise en place des 4 jours –, nous avons enregistré plusieurs dizaines de départs. Malgré ces démissions, l'entreprise se portait de mieux en mieux, que ce soit en termes d'organisation ou d'ambiance. Quant aux résultats financiers, ils furent au rendez-vous : un chiffre d'affaires en hausse de 45 %, et un résultat multiplié par cinq (même s'ils sont en partie liés à l'acquisition de Top Achat, ces chiffres ont été réalisés avec un effectif plus faible qu'en 2019).

Au moment où j'écris ces lignes, j'ai sous les yeux un article de BFM qui révèle qu'en France, un salarié d'Amazon génère un chiffre d'affaires de près de 635 000 euros, soit deux fois plus qu'un salarié du groupe Fnac-Darty (333 400 euros) ou qu'un salarié de Leroy Merlin (329 000 euros). Comment se positionne LDLC face à ces mastodontes ? Cela me surprend, mais je constate que nous faisons mieux, puisque nous visons cette année un chiffre d'affaires de 680 millions d'euros pour un effectif de 1 060 collaborateurs. Soit un CA de plus de 640 000 euros par salarié. Si l'on regarde le bas de bilan, qui est un indicateur bien plus fiable, nous sommes également les plus performants de notre secteur. Et cela, avec des fonctions support localisées en France (ce qui n'est pas le cas d'Amazon), et une semaine, de 32 heures réparties, sur 4 jours.

Bien sûr, encore faut-il s'assurer que pendant ces 4 jours de travail, les emplois du temps de chacun ne soient pas grignotés par des réunions improductives. Ce n'est d'ailleurs pas un hasard si, aujourd'hui, de plus en plus d'entreprises cherchent à réduire la fréquence des réunions : certaines mettent en place des « no meeting days », tandis que d'autres les ont tout simplement bannies.

Supprimer les avantages individuels

Je l'ai dit plus tôt dans ce livre : pour moi, la semaine de 4 jours n'est pas une récompense ; elle n'est pas, non plus, une incitation à en faire davantage (même si, de fait, les salariés sont aujourd'hui plus productifs que lorsqu'ils travaillaient 5 jours). Elle s'inscrit dans un véritable projet d'entreprise qui fait du bien-être le pilier de la performance collective. Or, quand on cherche à améliorer la performance du collectif, on ne peut pas continuer à entretenir toutes les subtiles distinctions qui, dans une entreprise, renforcent les individualités. Je veux bien sûr parler des gratifications, primes ou avantages en nature octroyés à quelques-uns, selon des critères pas toujours objectifs, et qui ont pour effet de créer de la division. Par le passé, nous avions déjà supprimé les places de parking attitrées ou les plafonds de notes de frais individualisés. Mais nous avions encore un système de primes : certaines d'entre elles étaient basées sur des critères mesurables ; d'autres, sur des éléments un peu moins objectifs, tels que le comportement en équipe ou la capacité à manager. D'autres, enfin, avaient une visée franchement contrôlante : par exemple, nous versions une prime aux salariés des entrepôts qui n'avaient pas été absents (hors prise de congés) un seul jour dans le mois.

En 2018, la lecture de *La vérité sur ce qui nous motive*, de Daniel Pink, confirma mon point de vue sur les primes, et je décidai de mettre fin à ce système. Cette année-là, toutes les primes ont donc été supprimées et intégrées aux salaires, à l'exception de celles qui concernaient… les commerciaux ! En effet, le directeur commercial a refusé de but en blanc la mesure, avec l'argument suivant : « un commercial sans primes, ça n'existe pas ! ». Malheureusement, pour les entreprises qui, comme LDLC, sont viscéralement attachées à la satisfaction client, les primes commerciales représentent souvent une épine dans le pied, car elles encouragent les comportements peu vertueux – tels que la pratique du « frigo », qui consiste à retarder l'expédition des marchandises pour maximiser son gain sur le mois suivant, ou encore les fausses facturations suivies d'avoirs. Et c'est sans parler de tous les autres inconvénients : jalousies à l'égard du collègue qui bénéficie d'un meilleur portefeuille, mensonges plus ou moins importants ou fausses promesses faites aux clients, etc. À mes yeux, la suppression des primes ne pouvait être qu'avantageuse pour l'entreprise : nous aurions une équipe commerciale soudée et, en face, des clients plus satisfaits. Mais encore fallait-il convaincre les principaux intéressés !

Ce fut chose faite l'année suivante : j'ai profité du fait que le service commercial redéfinissait son *pay plan* (en tentant une énième fois de trouver la formule la plus juste) pour revenir à la charge. Le dossier avait été pris en main par les responsables d'équipes, qui organisaient une réunion à laquelle je me suis invité. Et alors que deux projets étaient sur la table, j'ai proposé le mien : « plus de primes du tout, uniquement un salaire fixe ». Si la première réaction fut « mais, Laurent, nous sommes des commerciaux ! », je ne fus pas confronté à une levée de boucliers – plutôt à des interrogations : *comment être certain que les meilleurs resteront et que les équipes iront chercher de nouveaux clients ? Comment récompenser les meilleures affaires ? Comment manager s'il n'y plus les primes pour récompenser l'atteinte des objectifs ?* Mes réponses à ces questions furent assez simples. Tout d'abord, j'ai expliqué qu'il n'était pas dans l'intérêt de l'entreprise de voir partir ses meilleurs vendeurs. Il était donc évident que la rémunération fixe s'appuierait sur les performances passées (les salaires ont été revalorisés en tenant compte de la prime mensuelle moyenne calculée sur les deux années écoulées, et la masse salariale du service n'a pas changé). Les « grosses affaires », elles, pourraient très bien être célébrées autrement que par l'attribution d'une prime. Un déjeuner ou une sortie valoriseront le travail de toute l'équipe plutôt que celui du seul commercial qui a enregistré le bon de commande. Sur le plan managérial, la suppression des primes nécessiterait un changement de posture, en cohérence avec ce que nous cherchions à instaurer dans tous les autres services, à savoir : un manager « leader », soucieux d'accompagner son équipe plutôt que de la contrôler. Car au fond, comment sont fixés les objectifs ? Bien souvent, au doigt mouillé : le manager se base sur la performance de l'année précédente, et par principe, il en demande un peu plus à ses collaborateurs. Si bien que lorsque le marché décroît, les commerciaux ont beau avoir fait de leur mieux, ils ne sont pas récompensés ! Injuste, n'est-ce pas ? Enfin, en l'absence de rémunération variable, les commerciaux pourraient se montrer totalement honnêtes avec les clients : pas de fausses promesses, pas de ventes basées sur ce qu'elles rapporteront en termes de prime, voire pas de ventes « non rentables » qui, certes, permettent d'atteindre les objectifs commerciaux, mais qui desservent l'entreprise.

En juillet 2019, un mois après avoir supprimé les primes, nous avons enregistré 10 % de croissance. À présent que nous sommes passés à la semaine de 4 jours, l'efficacité est toujours là. Notre chiffre d'affaires est en hausse et nos clients sont de plus en plus fidèles. Le discours non biaisé de nos commerciaux fait mouche. Les clients apprécient d'avoir face à eux une équipe qui prend le temps d'appréhender leurs besoins et d'y apporter une réponse honnête, sans exercer la moindre pression. Ils sont également satisfaits de pouvoir trouver en permanence un commercial pour les renseigner, même en l'absence de leur interlocuteur habituel. Certaines marques qui demandaient à nos vendeurs de « pousser » leurs produits auprès des clients ont même vu leur chiffre baisser au profit de marques que nos commerciaux préfèrent recommander.

Valérie D., Responsable commerciale

Au début, nous avons eu des difficultés à envisager la suppression des primes. Pour un commercial, quel intérêt y a-t-il à conclure une affaire s'il n'y a pas de récompense à la clé ? Mais passé ce cap psychologique, nous constatons les avantages de ce système. Dorénavant, nous ne travaillons plus pour une commande, mais pour le client. La pression est bien moins importante, car notre rémunération ne fluctue plus. Je m'occupe des administrations : en août, lorsque celles-ci sont fermées, mon salaire reste le même. Je n'ai pas à me soucier d'une baisse de revenus ni à réfléchir à la manière dont je pourrais me rattraper le mois suivant. Récemment, j'ai recruté un jeune qui n'a pas encore 25 ans : grâce à son salaire fixe, il a déjà pu emprunter et devenir propriétaire de son logement.

Un totem, les primes commerciales ? Non : les supprimer a permis à nos vendeurs de prendre conscience qu'ils contribuent de la même façon que leurs collègues à la réussite de l'entreprise. Sans acheteurs pour approvisionner les stocks, sans comptables pour éditer les factures, sans équipes logistiques pour expédier les produits, les commerciaux ne peuvent pas exercer leur métier. Aujourd'hui, il n'y a plus qu'une seule prime : c'est la participation, qui dépend du résultat de l'entreprise et du travail de toutes les équipes, et qui est distribuée à chacun selon les mêmes critères.

Vous l'aurez compris : en supprimant les primes et autres distinctions individuelles, on renforce la cohésion de groupe, le sentiment d'appartenance, l'envie de s'investir dans un projet commun… Si bien qu'il est beaucoup plus facile, ensuite, d'engager des transformations d'ampleur comme la semaine de 4 jours. Et il n'y a pas de jalousies si c'est un collègue qui conclut l'affaire le cinquième jour !

Conclusion

« Nous ne pouvons pas, nous, entrepreneurs de France, avoir un handicap que les autres n'ont pas »[41]. Cette phrase fut prononcée par Ernest-Antoine Seillière – ex-patron du Medef – au moment où Martine Aubry présentait sa deuxième loi sur les 35 heures. À l'époque, j'étais plutôt d'accord avec lui : j'allais avoir 28 ans, je travaillais sans relâche (jusqu'à trois fois 35 heures par semaine), et mon labeur portait ses fruits, puisque ma jeune entreprise s'apprêtait à entrer en Bourse. Inutile de dire que l'idée de réduire le temps de travail me faisait plutôt sourire.

Mais nous étions aussi au tout début d'un nouveau cycle économique, porté par une innovation majeure : Internet. C'était, je m'en souviens, une époque particulièrement exaltante. Nous savions que dans le sillage d'Internet, de nombreuses innovations allaient voir le jour et, avec elles, de nouveaux *business models*. Mais nous ignorions à quel point ces technologies allaient modifier nos façons de travailler. Nous ne parlions pas encore d'équilibre entre vie privée et vie professionnelle ni de droit à la

41 - La deuxième loi sur les 35 heures, INA.

déconnexion. Ceux qui possédaient un téléphone portable n'étaient pas nombreux. Les plus gros acteurs de la vente à distance de matériel informatique n'étaient pas sur Internet, mais sur Minitel – ou alors, ils communiquaient avec leurs clients en leur adressant un catalogue par voie postale ! Par rapport à aujourd'hui, nous vivions au ralenti. L'écologie ne nous préoccupait pas particulièrement, et le sujet de l'égalité femmes-hommes venait tout juste d'être mis sur la table : en effet, c'est en juillet 1999 que fut promulguée la première loi visant à créer une égalité de fait entre hommes et femmes dans l'accès aux mandats électoraux [42]. Quant au pouvoir d'achat, il nous obsédait sans doute beaucoup moins : acheter son logement coûtait deux fois moins cher[43], et le litre de sans plomb était à moins d'un euro.

Je ne suis pas nostalgique. Mais tous ceux qui, comme moi, ont connu cette époque peuvent faire le même constat. En un peu plus de vingt ans, ce ne sont pas seulement les façons de travailler, qui ont évolué : c'est la société tout entière. Et pourtant, si les nouvelles technologies ont bouleversé les modes de travail, elles ne se sont pas accompagnées de tous les bienfaits économiques escomptés. En 2019, un rapport du Conseil national de productivité[44] révélait que les

42 - Loi constitutionnelle du 8 juillet 1999.

43 - Depuis 2000, le prix des appartements s'est envolé de 125 % en France.

44 - Productivité et compétitivité : où en est la France dans la zone euro ?, CNP, 2019.

gains de productivité diminuent, en France et dans la plupart des économies européennes, depuis la fin des années 1990. Ce phénomène n'est pas anodin, car ce sont précisément les gains de productivité qui, dans nos économies développées, permettent de financer le système de protection sociale ou encore la transition écologique. Pour expliquer cela, de nombreuses raisons sont avancées. Parmi celles-ci, l'éducation : nous aurions, en France, une main-d'œuvre insuffisamment qualifiée. Si c'est le cas, je crains que la situation ne s'arrange pas, car les cursus universitaires, harmonisés au niveau européen, sont déjà très longs, et les métiers, eux, évoluent de plus en plus vite. Un autre facteur tiendrait à la faiblesse des investissements : les entreprises ne dépenseraient pas assez d'argent en recherche et développement pour favoriser l'innovation et par ricochet les gains en productivité. Mais pour ma part, je suis tenté de souscrire à une autre explication : nous savons, depuis que l'économiste américain William Baumol a élaboré sa théorie de la « maladie des coûts[45] », que c'est précisément dans les économies tertiarisées qu'il est le plus difficile de dégager des gains de productivité. Malgré l'informatique, malgré l'intelligence artificielle, les métiers intellectuels ou relationnels ne peuvent pas être automatisés aussi facilement que l'ont été les professions de l'agriculture ou de l'industrie. C'est ce

45 - La loi de Baumol ou maladie des coûts explique l'augmentation des salaires et des coûts dans les secteurs où la productivité n'augmente pas par la hausse de la productivité dans les autres secteurs qui tirent les salaires vers le haut

qui fait dire à certains – économistes, responsables politiques – que nous devrions « libérer » le travail. À défaut d'accroître la productivité, augmentons la production !

Depuis que nous sommes passés à la semaine de 4 jours, je ne suis plus du tout certain que le fait de travailler davantage résolve nos problèmes. Au contraire, je crois que la solution se situe dans le « travailler moins de jours ». En effet, on peut aussi bien travailler 32, 35 ou 39 heures : si cela se fait sur cinq jours, les salariés ne verront pas de grandes différences. Leurs journées seront toujours autant occupées, et ils auront toujours l'impression de passer leur vie au travail. Chez LDLC, ce qui a changé la vie des salariés, c'est le bien-être que leur confère ce jour de liberté en plus dans la semaine, qui leur permet même d'être plus efficaces que lorsqu'ils travaillaient cinq jours. Quand j'observe à quel point ce jour de travail en moins change tout, je suis convaincu qu'en étendant la semaine de 4 jours à davantage d'entreprises, on peut vraiment améliorer la société dans laquelle nous vivons. Transition écologique, égalité femmes-hommes, stress et mal-être, productivité : toutes ces problématiques trouvent – au moins pour partie – leur réponse dans la semaine de 4 jours.

En revanche, il y a un problème que la semaine de 4 jours ne permettra pas de régler, en tout cas pas dans l'immédiat : c'est celui du chômage. Mais en est-ce vraiment un ? Au moment où j'écris, les entreprises semblent avoir de plus en plus de difficultés à recruter, faute de main-d'œuvre disponible. En tout cas, chez LDLC, la réduction du temps de travail n'a pas nécessité autant d'embauches que prévu. Est-ce une mauvaise nouvelle ? Pas forcément, car cela confirme que le repos et le bien-être sont source de productivité. Et comme je l'ai évoqué dans ce livre, ils favorisent également la créativité et l'innovation. Dès lors, pourquoi ne pas penser qu'en étendant plus largement cette organisation de travail, nous n'allons pas faire naître de nouvelles initiatives, idées ou vocations entrepreneuriales, avec, à la clé, des emplois ? Si, à l'échelle de mon entreprise, la semaine de 4 jours n'a pas créé d'emplois directs, je suis optimiste quant au fait que son adoption massive pourrait contribuer à créer de l'emploi dans notre pays. À tout le moins, la semaine de 4 jours pourrait créer des emplois indirects autour de ce jour « off », dans le secteur du tourisme et des loisirs notamment. Mais encore faudrait-il que nos responsables politiques se penchent sur la question, et qu'ils instaurent un cadre légal qui permette à toutes les entreprises d'adopter facilement cette nouvelle organisation du travail. En permettant par exemple aux entreprises qui passent à 32 heures de considérer la 33e heure comme une heure supplémentaire défiscalisée.

Pour finir, je voudrais dire que la semaine de 4 jours n'est pas une mesure aussi novatrice ou révolutionnaire qu'on pourrait le croire. En 1996, l'année où j'ai créé LDLC, la loi Robien avait permis à plusieurs centaines d'entreprises de passer de 39 heures à 32 heures sur 4 jours[46]. Deux ans plus tard, le dispositif était abrogé par la première loi Aubry. Et il faut savoir qu'à l'époque, l'idée ne venait pas du politique, mais du patronat : c'est Antoine Riboud, PDG de Danone, qui, le premier, avait proposé de réduire la durée du travail à 32 heures sur 4 jours. Au début des années 1970 – soit quinze ans avant la parution du rapport Brundtland – c'est déjà lui qui avait, pour la première fois, évoqué la question du développement durable lors des assises du CNPF (l'ancien Medef). N'est-ce donc pas à nous, patrons et dirigeants, de nous emparer à nouveau de cette question du temps de travail, pour le bien de nos entreprises, de nos salariés, mais aussi pour celui de la société tout entière ?

46 - La semaine de 4 jours, positive pour les salariés… et pour les employeurs, Le Monde, 26 janvier 2022.

Remerciements

Je tiens à remercier toutes les personnes qui ont contribué à l'élaboration et à la rédaction de ce livre.

Je voudrais dans un premier temps remercier, mon frère Olivier de la CLERGERIE, Directeur général du Groupe à mes côtés presque depuis le début de l'aventure, qui a toujours su m'accompagner, me conseiller, me suggérer des évolutions et nous a permis de mettre en place en toutes sérénités les nombreuses idées que j'ai pu avoir tout au long de ces années et que nous avons toujours validées ensemble. Le seul qui savait avant l'annonce officielle durant les NAO que nous allions passer à la semaine de 4 jours et qui a mis moins de 30 minutes à me dire « *Ok, on y va !* »

L'histoire du Groupe LDLC est une histoire de famille et la toute première à m'avoir rejoint dans l'aventure est ma sœur Caroline de la CLERGERIE, qui a décidé de voler de ses propres ailes depuis quelques années, mais sans qui l'histoire n'en serait pas là aujourd'hui.

Il serait bien trop long d'écrire le nom de tous les collaborateurs présents ou passés qui ont fait du Groupe un succès, qui, parti de rien, est devenu le leader de la vente de produit informatique sur le net, et qui prend son envol en retail dorénavant. Mais sans eux, rien de tout cela n'aurait été possible.

Un grand merci à Pierre Guillemette pour avoir su m'aider et m'accompagner pour mettre en mot cet ouvrage.

Merci encore à Carine Bar, Thierry Picq, Nadege Compard, Juliette Jarry, Kouy-Tieng Heng, Nicolas Vincent, Sophie Guy, Samuel Demeulemeester d'avoir participé à la création et d'avoir avec patience relu, suggéré et corrigé les brouillons.

Enfin merci à mes parents, mes amis, mes proches pour leur soutien constant et leurs encouragements tout au long de cette aventure.

ANNEXES

Histoire du groupe LDLC

Janvier 1996 : Création de LDLC.

Mai 1997 : Lancement du site WEB.

Mai 1998 : Ouverture d'une première boutique, rue de Marseille à Lyon.

Avril 2000 : Introduction en Bourse et rachat du site Hardware.fr.

Septembre 2001 : Lancement du site LDLC.Pro dédié aux professionnels.

Juin 2005 : Installation d'une nouvelle plateforme logistique à Saint-Quentin-Fallavier.

Janvier 2006 : Ouverture d'une deuxième boutique à Paris.

Aout 2010 : Le groupe LDLC lance l'équipe E-Sport LDLC.

Septembre 2012 : LDLC devient partenaire de l'ASVEL

2014 : Lancement du réseau de franchise de points de ventes physiques LDLC avec une première ouverture à Bourgoin Jallieu.

Septembre 2015 : Ouverture de L'ECOLE LDLC et création de l'e-boutique L'Armoire de Bébé.

Mars 2016 : Materiel.net rejoint le groupe LDLC.

Septembre 2017 : Emménagement dans un nouveau siège de 7 000 m² à Limonest, type campus et rachat de BIMP (Spécialiste APPLE).

Avril 2018 : Suppression des primes sauf pour les commerciaux (intégrées aux salaires).

Avril 2019 : Suppression des primes des commerciaux (intégrées aux salaires).

Janvier 2020 : Le Groupe LDLC lance LDLC VR Studio spécialisé dans la création de contenu de réalité virtuelle. Le groupe Signe Aussi avec l'olympique lyonnais un partenariat ou l'OL devient sponsor de l'équipe E-sport LDLC qui devient LDLC OL

Avril 2020 : Top Achat rejoint le Groupe LDLC.

Décembre 2020 : A l'initiative des collaborateurs le groupe lance sa fondation : https://www.fondation-groupe-ldlc.org/

Janvier 2021 : Passage à la semaine de 4 jours, 8 heures par jour (32 h) sans baisse de salaire.

Avril 2021 : Le salaire minimum du groupe anciennement fixé à SMIC +15% passe à SMIC +25%.

Décembre 2022: Ouverture du 80ième magasin physique LDLC.

Sondages Internes

Fin 2021, nous avons effectué un sondage interne pour évaluer la perception par les équipes de la semaine de 4 jours après 8 mois de mise en place

La question posée aux équipes était :

« Quel est votre ressenti par rapport à la mise en place de la semaine de 4 jours ?»

Voici les résultats obtenus sur plus de 50% des équipes qui ont répondu :

49,3% - C'est un vrai plus que j'apprécie

35,0% - Cela a changé ma vie, du pur bonheur

7,6% - C'est bien, mais je n'ai pas trouvé mon rythme encore

5,3% - Je n'y croyais pas trop, mais finalement c'est bien

2,0% - J'ai encore des doutes sur ce que cela peut m'apporter

0,8% - Stop ! C'était mieux avant

Après enquête les 0,8% qui regrettent les 5 jours sont des cadres forfait jour qui préféraient la flexibilité liée aux RTT aux 34 jours de plus, mais fixe que leur offre la semaine de 4 jours qui permet de surcroit de mieux gérer les congés scolaires des jeunes enfants.

Pour finir 97,2% des équipes s'y retrouvent et moins de 1% sont contre.

Début 2023, le sondage a été reconduit de façon légèrement différente pour voir l'évolution des résultats au bout de 2 ans de pratique de la semaine de 4 jours avec la question suivante :

« 2 ans plus tard on en est où ? Oui oui je dis toujours partout c'est génial la semaine de 4 jours... Mais vous en pensez quoi en vrai au bout de 2 ans !
On arrête tout, on continue ? »

Voici les résultats obtenus pour ce sondage :

55,7% - 4 jours, c'est le rythme qui me convient et si je devais le perdre ce serait dur

32,4% - Je ne pourrais plus jamais travailler 5 jours, 4J/32H c'est trop génial

7,6% - 4 jours, c'est bien, mais bon 5 jours ce n'était pas non plus la mer à boire

3,1% - 4 ou 5 jours... En vrai je m'en fiche, mais je ne vais pas râler non plus !

0,9% - 5 jours... C'était mieux !!!!

0,2% - 6 jours ?

Où l'on peut constater que la semaine de 4 jours est adoptée à 99%.

A noter que la réponse 6 jours a été donnée par un salarié dans le sens « travailler plus pour gagner plus »

Citations de salariés

« Je suis fière d'appartenir à une entreprise qui a osé mettre en place la semaine de 4 jours. »

« Notre passage à la semaine de 4 jours doit inciter les autres entreprises à réfléchir à la question du présentéisme. »

« Les 4 jours, c'est un véritable bienfait. Mais le fait qu'on nous fasse confiance est encore plus important. »

« La vie privée et la vie professionnelle, c'est un tout. Quand on n'est pas bien dans l'une, ça se répercute sur l'autre. »

« On a un patron qui fait ce qu'il faut pour ses salariés. Dans d'autres boîtes, ils rêvent d'avoir les mêmes conditions de travail que nous. »

« Le tour de force de Laurent, c'est d'avoir réussi à faire d'une entreprise de mille personnes une boîte humaine. »

« On a gagné énormément en confort de vie. Plus besoin de poser un jour de congé pour aller dans les administrations ou emmener sa voiture en révision. »

« On ne travaille pas moins. On travaille différemment. »

« À présent, on peut vraiment profiter de sa famille durant les week-ends. »

« La semaine de 4 jours nous a appris à être plus efficaces, à nous recentrer sur l'essentiel dans notre travail. »

« Nous avons appris à faire le tri entre ce qui vraiment indispensable, et ce qui est accessoire ; entre ce qui est urgent, et ce qui peut attendre. »

Podcasts

J'ai participé à de très nombreux podcasts sur le sujet, je vous propose ci-dessous une petite sélection d'entre eux, en m'excusant pour tous ceux que je n'aurai pas mentionnés.

- **C'est l'heure du gratton**

Laurent de la Clergerie, alias The_fox, ou le visionnaire rusé

https://podcast.ausha.co/le-gratton/3-laurent-de-la-clergerie-alias-the-fox-ou-le-visionnaire-ruse

- **GDIY - Génération Do It Yourself**

La semaine de 4 jours pour tous, arrêtons de cramer nos cerveaux

https://www.gdiy.fr/podcast/laurent-de-la-clergerie/

- **Culture Connection – Happy culture**

https://culture-connection.fr/podcast-item/laurent-de-la-clergerie/

- **Business Cool**

Laurent de la Clergerie (LDLC) : D'entrepreneur à PDG d'une société aux 700 millions de chiffre d'affaires

https://business-cool.com/podcast/laurent-de-la-clergerie-ldlc/

- **Typping Point**

Faire du bien-être de ses collaborateurs LA priorité

https://www.tipping-point.fr/laurent-de-la-clergerie/

- **Les 4 jours de tafs**

La plus grande entreprise du monde à pratiquer la semaine de 4 jours

https://podcast.ausha.co/taf-podcast/4joursdetaf-2-laurent-de-la-clergerie

- **Comment t'as fait?**

Comment t'as fait pour instaurer la semaine de 4 jours de travail dans un groupe de 700M€ de CA ?

https://www.commenttasfait.fr/2022/10/17/79-laurent-de-la-clergerie-ldlc-comment-tas-fait-pour-instaurer-la-semaine-de-4-jours-de-travail-dans-un-groupe-de-700me-de-ca/

- Extra-Muros

LDLC à Limonest - Entreprise libérée, une organisation du travail qui favorise le bien-être...

https://www.youtube.com/watch?v=n7aYLjof94g

- CCI Nord Isère

Conférence Journée de l'innovation CCI Nord Isère Villefontaine le 30 juin 2022

https://www.youtube.com/watch?v=IWW0p_Y_d4g

Questions fréquentes

Au cours des diverses interventions et publications que j'ai pu faire sur le sujet de nombreuses questions sont revenues. Je reprends ci-dessous les principales.

Cette liste est amenée à évoluer dans le temps, n'hésitez pas à me contacter par email : laurent-4jours@ldlc.com
Si des réponses vous manque.

Quel était l'objectif de cette démarche ?

Le groupe est dans une recherche constante d'amélioration des conditions de travail. La première fois dont j'ai entendu parler de la semaine de 4 jours, je me suis demandé si cela était applicable chez nous.

Après m'en être convaincu et malgré un coût estimé a à peu près 5% de la masse salariale (pour recruter suite au passage au 32H), nous avons décidé de franchir le cap. La surprise finale ayant été un gain d'efficacité qui nous a permis de ne pas recruter au global.

Est-ce que vous vous êtes fait aider par un cabinet extérieur pour mettre cela en place ?

Non, nous n'avons pas eu d'aide extérieure.

Quelles sont les équipes que vous avez mobilisées sur le sujet ? Est-ce un travail collectif ?

A partir du moment où le projet a été lancé, le travail a été réalisé dans un premier temps par les RH, les syndicats et le service juridique pour la mise en place d'un cadre de fonctionnement.

Puis, individuellement, chaque service et chaque équipe a travaillé sur les plannings à mettre en place pour que "vue de l'extérieur" on ne puisse pas « ressentir » que les équipes travaillent seulement 4 jours. Nous ne fermons pas en effet "le vendredi", et devons suivant les activités rester disponible 5, 6 ou 7 jours par semaines.

Je pense que d'avoir laissé la responsabilité aux équipes de choisir leur planning, est une des clés qui a finalement permis de ne pas recruter. Les équipes connaissent leur métier, savent ce qui est absorbable et quand cela l'est.

La semaine des quatre jours est-elle applicable également pour vos managers et votre comité de direction ?

L'ensemble du personnel pratique la semaine de 4 jours. A noter pour être totalement transparent que les personnes qui pour prendre une image correspondante, roulaient à 200 km/h sur une autoroute limitée à 130 km/h roule maintenant à 160 sur autoroute limitée à 110 km/h, et que l'on peut dire de fait que c'est tout de même mieux pour tout le monde.

Quelle communication avez-vous faite autour de cet événement en interne ?

Suite à l'annonce aux NAO j'ai fait un message à l'ensemble des salariés que vous pouvez retrouver dans le livre en annexe

Y a-t-il de la souplesse dans l'utilisation du jour Off ?

Le jour off est fixé pour chaque personne (parfois en binôme avec alternance une semaine sur deux), mais bien sûr il y a de la souplesse en fonctions des besoins de l'entreprise. Si un salon, un séminaire, une intervention, une réunion importante doivent avoir lieu au moment de ce jour off, celui-ci pourra exceptionnellement être décalé et rattrapé dans la semaine en cours ou celle qui suit.

Quelles sont les différentes étapes par lesquelles il faut passer pour mettre cela en place ? (quid des contrats de travail)

On peut résumer assez simplement ce qui a été mis en place :

- Contrat temps plein 32H
- Jours de RTT obligatoirement posé les jours OFF (les 80% repassent sur 4 jours en salaire plein) choix du jour off pour l'année.
- Et pour permettre un bon fonctionnement de l'entreprise de nombreux binômes qui ont une semaine sur 2 le jour qu'il voulait et l'autre semaine un jour de fonctionnement en alternance semaine paire et impaire (ex vendredi/mardi).

A noter que les parents qui choisissent le mercredi pour garder leurs enfants ont tout leurs mercredis.

Pensez-vous que pour une société qui est aux 39 heures sans RTT, qui paie en heures supplémentaires cela est envisageable financièrement parlant ?

Aujourd'hui de nombreux tests effectués dans le monde sont réalisés (et particulièrement en Angleterre) sur des sociétés qui passent de 5*8H à 4*8H , et les premiers résultats disponibles indiquent que dans 95%

des cas il n'y a pas de pertes d'efficacité et même souvent des gains...

Pourquoi ne pas avoir fait de période de test ?

Quand on passe 1000 personnes aux 4 jours, on sait que l'inverse sera compliqué. J'avais donc surtout calculé le coût maximum de la mesure pour voir si nous étions prêts à l'assumer définitivement avant de l'annoncer.

Pensez-vous qu'il faille être philanthrope pour réaliser ce genre d'action ?

Pour oser, sans doute... Mais au vu des résultats ce serait plutôt le contraire finalement :)

Pensez-vous que l'effet positif qu'apporte la semaine de 4 jours est durable et que ce n'est pas juste un effet temporaire ?

Cela fait déjà 2 ans que la mesure est en place et non il n'y a pas d'effet de rechute. Mais plus fondamentalement il faut en comprendre la raison qui se cache derrière.

C'est un rééquilibre de la vie, qui permet de mieux travailler. Les équipes ne font pas d'effort pour mieux travailler, mais le bien être que cela génère, les pratiques de travail que cela implique les absences qui diminuent, le gain d'efficacité se fait naturellement "sans forcer", et c'est pour cela que c'est durable.

En cas de crise dans le groupe reviendriez-vous à une semaine de 5 jours ?

C'est une question que je me suis posé avant de le mettre en place. Je m'étais alors dit que si je devais demander aux équipes de temporairement travailler 5 jours le temps de passer la crise, il serait probable qu'elles acceptent. Cela dit aujourd'hui, je ne me poserai plus la question, nous savons que nous travaillons plus efficacement en 4 jours qu'en 5 jours et que cela n'aurait donc pas d'effet positif et que ce serait inutile voir contre-productif.

***Quels sont les avantages et les inconvénients de cette réduction du temps de travail pour l'entreprise et pour les salariés* ?**

Pour les salariés, je ne vois que des avantages !

Bien-être, plus de stress ou presque, moins de turn-over, baisse du nombre d'accidents du travail et du taux d'absentéisme...

Sauf un point peut-être... personne ne part, ce qui donne le sentiment à certains qu'il va être compliqué d'évoluer.

Comment l'idée vous est-elle venue ? aviez-vous sonder vos collaborateurs ?

En lisant un article sur un test sur la semaine de 4 jours. Personne n'était au courant avant que je l'annonce. Ce n'était pas du tout attendu, d'autant plus que l'idée date d'avant la période COVID 19.

Pratiquez-vous le télétravail?

Aujourd'hui les équipes qui le peuvent ont le droit à 2 jours de télétravail en plus du jour OFF. Cela dit la question se pose de revenir à 1 jour et un peu plus de souplesse quand nécessaire (enfant malade, etc.) car cela ne laisse plus que 2 jours pour croiser ses collègues et dans certains cas ne plus du tout en croiser certains. Ce qui pourrait déshumaniser la boite dans le temps. Cela complique aussi l'intégration des nouveaux entrants.

Comment voyez-vous l'avenir de votre groupe ?

Après une année post covid en décroissance liée aux effets positifs très forts qu'avait eu la covid 19 sur notre activité, plutôt bien et dans la confiance et la bonne humeur !

Est-ce que la semaine de 4 jours perturbe les recrutements et la qualité des candidatures. Les candidatures étant plus intéressées par l'organisation du temps de travail que par les offres d'emploi elle-même ?

Bien sûr, il y a une minorité de réponse aux offres d'emplois dans ce sens, facile à percevoir en entretien. A l'inverse cependant nous attirons aussi beaucoup de talents qui cherchent à rééquilibrer leur vie et sont prêt même à un effort sur salaire pour un gain de bien-être.

La semaine de 4 jours ne serait-elle pas également un acte militant d'égalité hommes-femmes ?

Ce n'en est pas le but, mais oui la notion de 80% disparait, et la possibilité d'avoir son mercredi pour tout un chacun sans perte de salaire change la donne.

Est-ce applicable à tous les secteurs et à toutes les tailles d'entreprises ?

Je pense que plus l'entreprise est grande et moins les équipes sont dispersées, plus c'est « facile » à appliquer. Si cela est plus facile à appliquer dans les métiers de bureau, nous l'avons quand même mis en place dans nos centres logistiques, nos boutiques, et notre relation client (interne) en augmentant parfois la polyvalence des postes pour limiter les embauches qui auraient pu être nécessaires (particulièrement en boutique).

Mais nous ne maitrisons pas tous les secteurs d'activités et si je sais que de nombreuses entreprises dans des domaines et des secteurs variés ont réussi à le mettre en place avec succès. Il faudrait une étude nationale sur le sujet pour mettre en lumière ces différentes expériences et en inspirer d'autres.

Certains métiers de conseils qui facturent à la journée, peuvent par contre dans un premier temps avoir plus de mal à appliquer ce type de modèle.

Dans tous les cas je ne suggère pas de généraliser la mesure, mais je pense qu'il serait important de prendre le temps de se pencher dessus comme le font d'autres pays pour permettre à ceux qui le souhaitent d'avancer.

Votre entreprise était déjà en avance sur beaucoup d'autres en matière de prise en compte du bien-être des équipes, pensez-vous que c'est un prérequis ?

Je pense que cela nous donne un bonus d'efficacité, mais pas que c'est indispensable. Il faut bien comprendre que la mesure marche essentiellement parce qu'elle crée un nouvel équilibre de vie, qui permet de se sentir mieux chez soi et donc au travail et de devenir plus efficace.

Mais je pense que tout cela fonctionne aussi parce que nous avons confiance en nos équipes, et s'il y avait un seul prérequis ce serait celui-ci.

Est-ce que vos salariés devront travailler plus longtemps pour avoir leurs droits retraite (compte-tenu d'un temps de travail hebdomadaire réduit) ?

Non les taux horaires ayant été augmentés cela ne change rien du tout.

Pourquoi ne pas avoir imposer un jour unique off aux équipes ?

Suivant les métiers l'entreprise doit rester ouverte 5, 6 ou 7 jours par semaine. Impossible de fermer un jour précis. Cela dit cela est aussi finalement un des points qui fait le succès de ce mode de travail car il nous a appris à relativiser sur la notion d'urgence des diverses tâches et à attendre une réponse.

Articles LinkedIn

Sur mon profil LinkedIn, vous pouvez retrouver un certain nombre d'articles et d'actualités sur le sujet. https://www.linkedin.com/in/laurent-de-la-clergerie/

Je reprends dans les pages qui suivent les trois qui me semblent les plus importants :

- **La semaine de 4 jours**
  Publié le 3 juillet 2020.

Soit 6 mois avant la mise en place, pour donner suite à la reprise par la presse de l'annonce qui avait été faite en interne. Je n'avais à ce moment-là pas de visibilité sur les effets que cela aurait sur la société.

- **Le bien-être « au travail » ou 7 jours sur 7 ?**
  Publié le 23 août 2021

Réflexion pour donner suite à l'observation du bien-être des équipes depuis la mise en place de la semaine de 4 jours 6 mois plus tôt.

- **De l'autre côté du miroir**
  Publié 14 décembre 2021

Soit un an après la mise en place après constat de l'effet sur un an presque complet.

- **Les primes... indispensables ?**
  Publié 18 mai 2021

Article sur les raisons qui nous ont motivés à supprimer toutes les primes dans le groupe.

La semaine de 4 jours…

Publié le 3 juillet 2020.

Je crois que je n'ai jamais entendu parler autant de nous que ces derniers jours. Tout cela parce que j'ai proposé à nos collaborateurs de travailler sur un accord pour travailler 4 jours par semaine et par conséquent 4*8=32H et que l'un d'entre eux a fait fuiter l'info.

Depuis j'ai tout lu, tout vu, et même si globalement l'histoire n'a pas été déformée, je voulais juste donner mon point de vue sans filtres.

D'où m'est venue cette idée ?

Tout d'abord cela fait près de 3 ans que je me suis mis en tête de travailler en priorité sur le bien-être de nos équipes. Il y a 5 ans le Groupe avait annoncé qu'en 2021, nous aurions doublé notre chiffre d'affaires de 2016 (470 millions) et que nous ferions donc près de 1 milliard d'euros de chiffre d'affaires. Au-delà de l'objectif qui nous pouvons le dire aujourd'hui était un peu trop ambitieux… Je me suis vite rendu compte que nous avions perdu un peu de notre âme avec ce type d'objectif. Nous courrions après un chiffre en oubliant de nous occuper de nous !

2 ans plus tard début 2018, je suis donc revenu vers nos équipes en faisant une sorte de Mea Culpa. Je leur ai expliqué qu'il fallait oublier cet objectif et que dorénavant notre objectif principal serait le bien-être au travail… Et que côté chiffre nous verrions bien ou cela nous mènerait. Mais que la croissance serait la conséquence de notre bien être… et pas une volonté dictée par une ambition.

Nous avons donc depuis entamé plusieurs chantiers pour rechercher constamment, à améliorer les conditions de travail des équipes et pour ma part j'ai passé plus de temps à partager avec elles pour comprendre leurs besoins.

Aujourd'hui déjà, plusieurs choses ont été mises en place :

Cadre de travail type start up américaine avec Conciergerie pour tout le monde, salle de sport, pétanque, pingpong, jeux vidéo, espaces détentes, espace coworking type appartement et même… 2 pistes de bowling.

Gros travail pour éviter la réunionite aiguë avec depuis aussi la possibilité d'être accompagné par des facilitateurs lors des réunions

Réduction de l'échelle hiérarchique, avec un but non caché de développer de plus en plus la confiance, l'autonomie et la responsabilisation de chacun.

Le droit à l'erreur

Constitution d'une équipe de coachs internes, pour accompagner les équipes en groupe ou en individuel dans les mutations en cours, dans leur évolution et leurs questions dans l'entreprise.

Réévaluation des salaires les plus faibles pour valoriser le travail de chacun (aujourd'hui le salaire minimum chez LDLC est basé sur SMIC+15%)

Travail sur des valeurs et une vision commune à chacun

Le but derrière toutes ces mesures étant de répondre aux besoins de chacun (un peu inspiré de la pyramide de Maslow) et de mettre en place un vrai climat de confiance entre tout le monde verticalement et horizontalement.

Aujourd'hui bien sûr nous avons toujours des progrès à faire, mais nous pouvons tout de même dire que la situation en croissance de LDLC depuis que tout cela a été mis en place en est le résultat et s'améliore de jour en jour que ce soit d'un point de vue économique ou social.

C'est dans ce cadre qu'il y a un peu moins d'un an, je suis tombé sur un article parlant d'une expérience de Microsoft au Japon, sur la semaine de 4 jours. La société a au mois d'aout 2019 tenté l'expérience d'offrir le vendredi à ses équipes et constaté une productivité de celle-ci accrue de 40%. De quoi planter une graine dans mon cerveau et réfléchir sur le sujet.

Si je pensais d'ailleurs que le déclencheur est venu de là, une amie m'a fait passer récemment un e-mail ou je lui disais en aout 2014 que j'avais l'intention de passer mes équipes à 4 jours de travail, mais que je pensais que les mentalités n'étaient pas encore prêtes...

Finalement cela n'a donc fait que réveiller une idée qui s'était endormie...

Et donc qu'est-ce qui m'a motivé ?

Suite à cette lecture, j'ai donc réfléchi au sujet et à ses avantages et désavantages. Et le mieux pour vous l'expliquer et que je vous partage ce que j'ai alors communiqué à mes équipes sur notre réseau interne lors de l'annonce du projet.

« Beaucoup de bruit depuis les dernières NAO, qui ont fuité avant même que la communication officielle du groupe ne sorte... En même temps pour ceux qui avaient le contenu difficile de ne pas en parler tout de suite.... « Laurent a dit » un truc de dingue pendant la réunion : « J'aimerais que nous entamions des négociations salariales pour passer à une semaine de 4 jours sur une base de 32H pour l'ensemble des salariés du groupe »

Alors pour enlever tout malentendu, je n'étais sous l'emprise d'aucun stupéfiant ni d'aucune substance susceptible d'avoir atteint mes capacités de décisions... Et ce n'est pas la faute du coronavirus, le jour où j'ai commencé à réfléchir à cette hypothèse, il n'existait pas encore...

Car oui la décision d'en arriver là ne s'est pas faite sur un coup de tête (en fait même si parfois on pourrait le penser, je ne fais jamais rien sur un coup de tête... C'est toujours mûrement réfléchi et documenté). Non elle est le fruit d'une réflexion globale qui est de rendre la vie de chacun le plus agréable possible (avec certes une arrière-pensée d'une meilleure efficacité en entreprise qui en découlerait aussi)

Je vous l'ai souvent dit, je ne travaille pas pour l'argent... Celui-ci n'est pour moi qu'une conséquence qui s'il arrive me permettra de lancer ou financer de nouveaux projets, et comme j'ai un peu d'ambition et quelques idées folles en tête, j'en ai quand même besoin un peu. Non je travaille avant tout parce que j'y prends du plaisir, à créer, à innover, à tenter de changer les choses, les modèles en cherchant toujours à simplifier, rendre efficace, ne rien faire d'inutile, et avancer tant que faire se peut dans le sens le meilleur pour tous. Pour ce faire, bien sûr j'ai besoin d'être entouré, le mieux possible. Mais quand certains considèrent que le mieux possible c'est par les meilleurs experts qui vont se donner corps et âmes pour eux, personnellement je considère que c'est juste par une équipe qui prend plaisir à participer à l'aventure. Ma plus belle réussite, c'est quand je vois les sourires de nos équipes et de nos clients (l'un étant souvent aussi la conséquence croisée de l'autre… On l'oublie parfois)

Et dans cette recherche m'est venue l'idée des 4 jours de travail. Je ne vous cacherai pas que le premier qu'il a fallu convaincre de la possibilité c'est moi-même… Je suis parti avec tous les freins possibles… Les 35H ont déjà foutu le bordel à leur époque dans l'organisation des boites le temps qu'elles se mettent en route… Alors 4 jours de travail…. N'en parlons pas !!!

Et puis des choses reviennent en tête « J'ai déjà connu les 4 jours de travail » … À l'école, et c'est vrai c'était reposant cette pause le mercredi dans la semaine, ça faisait que 2 fois 2 jours à passer, ça allait tellement vite. Et quand je repense juste après à l'école sur 5 jours… rien a dire c'était mieux sur 4.

Mais on est plus à l'école, on est des grands… C'est vrai…

Mais…

- Est-ce que pour autant on n'a pas besoin de se reposer, de couper, de souffler un peu plus. Pas si sûr… On n'a pas autant d'énergie que nos enfants, ça on le sait tous, alors on surement besoin d'au moins autant de repos pour sourire toujours autant qu'eux ! (et avec eux…)

- Est-ce qu'au travail on est du coup aussi efficace sur 5 jours de suite que sur 4 ou 2x2 encore moins sur…

- Est-ce que si on avait un jour pour faire tout ce qu'on fait le WE ou le soir après le boulot (les courses, le coiffeur, les rendez-vous qu'on n'arrive jamais à caser, certaines activités, voir même juste une pause…) On ne pourrait pas mieux profiter du WE à 100% pour VIVRE et revenir en pleine forme pour la semaine.

- Est-ce qu'en plus on ne ferait pas des économies en évitant pour certains un 80% ou les frais d'une nounou pour garder les enfants le mercredi… Évidemment…

- Puis il y a l'aspect écologique aussi… un jour de moins de déplacement/travail soit 20% de moins de frais... (même si on fait les courses de toute façon on les aurait faites le WE et on consommera moins parce qu'on ne restera pas coincé dans les embouteillages)

Ok, Ok, mais l'entreprise… Comment elle va faire ?

Ça, c'est le premier vrai frein que j'ai pu avoir quand je me suis posé la question... Les avantages pour la vie personnelle des équipes, on les trouve vite... Surtout quand en plus on prend la décision de faire 4 jours de 8 h soit 32H « seulement ».

Premier calcul...

Ils manquent des heures à la fin. Oui et non, cela dépend de chacun... de son organisation, de ce que l'on fait vraiment pendant ces heures, de l'intensité réelle de travail du vendredi après-midi pour certains, du besoin de présence du poste ... Mais cela dépend aussi de sa motivation, de son état de repos, de son bien-être et de fait de sa concentration, de sa motivation. Donc au final suivant les situations les heures seront finalement rattrapées par plus d'efficacité avec moins de fatigue, ou par de la réorganisation en éliminant un peu de superflus, ou encore bien sûr par quelques recrutements. Mais l'un dans l'autre sans conséquences énormes et pour tellement de bien être en échange.

Deuxième Calcul...

Mais je bosse au taquet en vrai 35 à 40 heures par semaine ou bien plus (mais je ne te le dis pas Laurent) et je n'y arrive pas alors 4 jours ça va être chaud... Non ça va même être impossible, ce n'est pas pour moi. Tu y as pensé à moi Laurent ? Tu m'as prévu une dérogation ? Oui bien sûr que j'y ai pensé... Et non je ne t'ai pas prévu de dérogation... La chose la plus dure quand on est investi dans un travail, c'est d'admettre qu'on ne peut pas tout faire, et que quand le travail dépasse la capacité du nombre d'heures qu'on a pour le faire… On a plus le choix, il va falloir déléguer… Et bien la seule chose qui va changer finalement… C'est que ce seuil maximum va devoir baisser ! Il va falloir accepter de déléguer un peu plus… Il va falloir donner un peu plus de confiance à vos équipes, ils pourront le faire « à votre place ». Et même si au début ce sera un peu compliqué, rapidement, pour eux comme pour vous vous ne le regretterez pas !

Troisième Calcul… Mais ça va coûter de l'argent à la boite, est-ce bien utile de vouloir tout changer. C'est quoi cette question ? Elle sort de mon imagination, mais personne ne l'a eue… Si forcément comme moi au début. Mais si on résume : sous prétexte qu'il va falloir peut-être embaucher un peu plus, embarquer un peu plus de monde dans cette aventure (et ils seront heureux de nous y rejoindre), et dépenser un peu d'argent (sans prendre le risque de mettre la boite en péril bien sûr) il faudrait ne pas le faire ? Oui c'est vrai surement si je m'appelais Picsou, et qu'un sou est un sou…. Mais non si on en a les moyens c'est le contraire ce serait complètement absurde de ne pas le faire, de ne pas faire bouger les lignes, de ne pas montrer qu'on peut vivre mieux, et gagner sa vie en même temps…

Et le pire vous savez quoi, c'est que je ne suis même pas sûr qu'au bout du compte on soit perdant, car si le bien être, la bonne humeur, et nos sourires (vous vous rappelez nos enfants : moins de fatigues=Plus de sourires, et de joie) sont de la partie quand on travaillera ensemble je pense que l'entreprise ira encore plus haut et encore plus loin et deviendra un modèle pour beaucoup d'autres (et peut-être pour nos filiales pour commencer quand elles se sentiront prêtes et qu'elles nous auront vus fonctionner ainsi) et que cela nous rendra encore plus fiers et heureux d'avoir fait partie de ceux qui montrent aux autres que c'est possible…

La société va avoir 25 ans, le temps de mettre en place l'accord et de caler les points de détails et de fonctionnement d'ici janvier comme nous nous le sommes fixer, ce sera le plus beau cadeau d'anniversaire que nous pourrons nous offrir à tous : « Vivre » toujours mieux…

Je sais que vous avez surement, d'autres questions et c'est pour ça qu'il faudra un peu de temps… Mais rappelez-vous qu'il n'y a aucune limite pour les gens qui croient que l'impossible est possible… bienvenu parmi eux, parce que c'est seulement comme ça que l'impossible devient possible.

Laurent

- Dis papy, il croit encore au père Noël !
- Non je ne crois pas, je pense juste que le père Noël n'existe plus que le jour où tu n'y crois plus

- Cela donne quoi en Français ce que tu viens de dire Papy ?

- Crois en tes rêves… »

Voilà, vous avez une grande partie du fond de ma réflexion….

Je tiens néanmoins à préciser quelques points qui serviront aussi de conclusion.

Cette avancée je la mène pour nous dans notre quête de conjuguer le bien-être au travail sans altérer nos rythmes de vie et la croissance nécessaire de l'entreprise pour nous faire vivre.

Mais je ne suis pas un prêcheur qui dit aux autres de passer à la semaine de 4 jours et 32 heures, ou qui dit que c'est l'avenir pour toutes les structures.

Ce modèle s'applique à nous, parce que nous avons déjà bien avancé dans cette recherche de bien-être et dans la confiance que nous nous accordons tous dans la société. Mais pour plein de bonnes raisons, il pourrait ne pas s'appliquer à d'autres et doit être un choix personnel de chacun. Il est déjà par exemple très compliqué, voire impossible à appliquer pour de petites structures ou des structures où le coût de la main-d'œuvre représente une grosse partie du service rendu (particulièrement si celui-ci s'appuie sur de bas salaires).

Il y a certainement pour chaque cas d'autres modèles à créer, inventer pour progresser, voir dans certains cas sans doute besoin d'aides supplémentaires pour pouvoir avancer dans ce sens (et le sujet me passionne).

Mais je l'avoue quand même j'espère aussi que notre histoire si c'est une réussite permettra à d'autres sociétés de se lancer dans les mêmes démarches que nous pour, si cela leur est possible, offrir toujours plus de bien être à leurs équipes.

En vous remerciant pour votre lecture si vous êtes arrivés jusque-là

Laurent

Le bien-être « au travail »
Ou 7 jours sur 7 ?

Publié le 23 août 2021

C'est quoi le bien-être au travail ou en entreprise ?

Wow, dans quelle question je m'embarque, j'ai l'impression de recommencer mon bac de philo… Et ne me faites surtout pas aveuglément confiance, j'ai eu à peine huit sur vingt la dernière fois !

Depuis je n'ai pas suivi la moindre formation en philo, ni même en psychologie, rien de rien, rien en tous les cas qui me permettrait d'écrire une grande leçon sur le sujet.

Alors, pourquoi écrire quelques lignes sur le thème ?

Parce que sans détenir de solutions parfaites, j'ai eu l'occasion d'aborder le sujet sous un nouvel angle qui peut-être pourra enrichir le débat, la vision du sujet.

Au fait, on parle de bonheur ou de bien-être ?

On entend souvent parler de bonheur en entreprise ou de quête du bonheur en entreprise. Histoire de préciser pourquoi je préfère parler de bien-être, je considère le bonheur comme un moment plus fort que les autres qui, quel que soit le temps qu'il dure, ne peut être que furtif. C'est d'ailleurs pour cela qu'on l'apprécie, pour sa rareté, pour le plein d'émotions qu'il crée quand il arrive...

Je préfère parler de bien-être parce que la quête devient alors plus simple, on ne recherche plus à ce que tout nous amène un sentiment d'accomplissement ultime, mais « simplement » la sensation de se sentir bien et en phase avec la vie, ses aléas et ses joies, et de limiter surtout les pressions qui donnent le sentiment de voir la vie passer sans pouvoir en profiter.

Partant de ce constat, je me suis mis en tête d'apporter le bien-être dans l'entreprise...

Il y a un peu plus de trois ans, j'ai réuni les équipes par petits groupes, pour leur expliquer que la priorité de l'entreprise ne serait pas sa croissance future, mais que toute ambition serait portée en priorité par le bien-être des équipes dans le groupe. J'avoue que si l'intention était bien là à ce moment, je ne savais pas encore ou je mettais exactement les pieds, si ce n'était quelque part un message qui disait un truc comme « apprenons à vivre ensemble avant de vouloir courir en avant vers des objectifs lointains sans s'occuper de nous... ».

Mais j'avais aussi une intuition : si nous y arrivions, nous nous sentirions mieux, en pleine santé, plus forts, et nous serions capables de franchir ensemble toutes les montagnes.

Nous avons abordé à partir de ce moment-là le sujet toujours sous le même angle...

Comment apporter plus de bien-être dans l'entreprise. Et nous avons travaillé sur la majorité des sujets qui pourraient changer les lignes. Coachs internes, pour accompagner les personnes ou le changement, changement de positions des managers qui deviennent moins contrôlants, augmentation des salaires minimums pour que chacun vive convenablement, déléguer et accroître notre confiance envers ceux « qui font » et bien sûr accepter l'apprentissage et le droit à l'erreur en laissant plus d'autonomie et de responsabilités à chacun.

Tout cela a fait du bien, mais tout cela, c'est écrit dans les livres... Et cela tient à peu près ses promesses. Mais, ça ne méritait pas nécessairement que j'aborde le sujet du bien-être.

Car le vrai changement... Il est arrivé suite au passage aux 4 jours travaillés par semaine au lieu de 5...

Ça change quoi, 4 jours de travail ?

Si on y repense, c'est quoi cette idée de travailler 4 jours seulement ? Nos parents, nos grands-parents, travaillaient bien plus... Et ils ne semblaient pas si malheureux. Oui, mais il y avait une différence majeure la plupart du temps. C'était une autre époque où souvent la femme gérait à plein temps le foyer, pendant que l'homme ramenait un salaire, créant un équilibre où les tâches et les rôles que l'on doit effectuer tous les jours étaient répartis sur deux emplois du temps différents et complémentaires (mais pas nécessairement équitables...).

Aujourd'hui tout a changé, il n'y a plus de rôles attribués, et chacun prend plus ou moins part aux diverses tâches du couple... Mais surtout dorénavant chacun travaille 5 jours par semaine. Ce qui a complètement déséquilibré la vie de famille. Dorénavant toutes les tâches ménagères, les rendez-vous, les repas doivent se faire exclusivement dans le temps qu'il reste hors des heures de travail.

On entend souvent la phrase « je passe ma vie au travail » à laquelle on pourrait rétorquer : une semaine c'est, sept journées de vingt-quatre heures, soit 168 heures, donc 35 heures c'est « à peine » 21 % de la semaine... Il reste 79 % pour « vivre ».

Mais le calcul est devenu complètement faux depuis qu'on travaille tous.

La première erreur, bien sûr, est de ne pas exclure le temps de sommeil de 8 heures en moyenne, soit 56 heures par semaine, ce qui réduit la semaine à 112 heures. Elle est alors occupée à 31 % par le travail.

Mais Il faudrait aussi considérer qu'en semaine, à partir du moment où l'on se lève le matin jusqu'au moment où l'on rentre du travail, que l'on prépare le repas (de plus en plus du « tout prêt » industriel, car on n'a plus le temps de le préparer en vrai) et jusqu'à ce que l'on couche les enfants, on n'a pas vraiment eu de temps de « pause »... Même si un certain nombre d'heures ne sont pas du « travail salarié », elles ne sont en aucun cas des heures de repos voire même simplement des heures « libres » et là fondamentalement, il ne reste plus grand-chose de libre... 1 ou 2 heures par jour en soirée, et un peu plus le week-end... Enfin non pas vraiment le week-end... Car il reste les courses de la semaine à faire, le ménage et/ou le jardin ... bon bah il reste à peu près le dimanche...

À peine le temps de souffler avant de reprendre la semaine !

Vivement vendredi soir !

Et donc si on fait un récapitulatif, il reste un peu moins de 25 à 30 heures pour « vivre », et pas forcément à tête reposée...

Maintenant je reprends le même scénario sur 4 jours...

J'ajoute une heure de travail (8 au lieu de 7 par jour) qui va un peu réduire la pause de midi et faire rentrer un poil plus tard le soir ou partir un poil plus tôt le matin… Mais qui fondamentalement ne va pas changer le temps libre restant de la journée. Et j'ajoute une journée « libre » dans la semaine, journée passée seul, pas nécessairement « en couple », journée a soi, avec ou sans les enfants selon chacun, pour prendre les rendez-vous qu'on n'a pas pu prendre, éviter de courir un soir de la semaine pour le truc qu'on n'arrive pas à caser, faire les trois courses dont on aura besoin pour la semaine et le week-end chez des commerçants ou dans un supermarché presque vide, pratiquer une activité, voire même juste prendre du temps pour soi, gérer « sa bulle ». Et quand le week-end arrive profiter pleinement de deux jours en famille sans avoir la même pression de la semaine qui arrive et qui en plus ne durera « que 4 jours de travail ».

L'air de rien cette semaine-là apporte en plus au moins 50 % de temps libre, ça change la vie… Et ça a changé la vie de nos équipes.

Mais si j'ai voulu aborder le sujet du bien-être, c'est parce que j'ai surtout découvert autre chose. Quand nous avons lancé ce projet, la question de beaucoup était surtout : « Est-ce que l'entreprise va fonctionner ? Combien cela va coûter ? ».

Et il y a une équation bien plus importante et qui est la clé de voûte de cette réussite, dont nous n'avions pas su totalement anticiper la réponse.

Entre les deux scénarios que je viens de vous décrire, il y a bien sûr plus de temps libre… Mais il y a surtout un rééquilibre de nos vies.

Dans le premier scénario, la pression du nombre d'heures, qui ne sont pas toutes des heures travaillées, mais qui ne nous « appartiennent pas » rend difficile le bien-être « dans la vie », non pas le bien être au travail, mais celui dans notre vie au global, car on a l'impression de ne jamais avoir le temps de souffler pour en profiter : « on passe notre vie au travail ». Du coup, ce mal-être dans notre vie, crée un mal-être au travail qui joue sur notre efficacité, et peut nous donner le sentiment de subir notre travail… Pour certains, c'est un peu le contraire, mais pas la solution : le travail leur donne le sentiment d'échapper au mal-être de la vie, car ils n'y trouvent pas de temps, et ils y passent leur vie, un comble…

Dans le deuxième scénario, l'équilibre est à nouveau respecté. Il y a une place pour le travail, une place pour soi, une place pour la vie de famille et on retrouve la liberté de gérer chacun de ces temps… Avec beaucoup plus de temps pour le faire. Du coup le mal-être dans la vie disparaît, ne déteint pas sur le travail et on « atteint » le bien-être au travail, qui lui-même n'entraine plus de mal-être dans la vie… Un cercle vertueux…

Mais surtout le fait de se sentir bien dans la vie « au global » nous rend naturellement plus enclins à nous adonner à notre travail et à gagner en efficacité sans faire le moindre effort et en étant presque... plus reposé !

Conclusion

Pour finir, ce message est surtout là parce que de mon point de vue, il ne faut pas chercher la clé du bien-être au travail en se limitant aux conditions de travail. La réponse est « hors du cadre » du travail, elle est dans l'équilibre de notre vie « moderne » et l'une des solutions est peut-être la semaine de 4 jours…

En tous cas, ce qui était une intuition, et qui est devenu concret semble convenir chez nous à la grande majorité, et de ce que je peux lire sur les différentes expériences menées dans le monde, on n'est pas les seuls.

Et je ne peux pas garder ce secret pour nous !

Alors, n'hésitez pas à vous inspirer, à le partager à d'autres, ou à réagir sur le sujet, je vous l'ai dit au début, j'ai eu huit en philo au bac, j'ai peut-être totalement tort sur le raisonnement… Mais les effets, eux, sont bien là !

Et s'il y a des sceptiques ou d'autres qui ont besoin de voir pour croire, je vous invite à parler aux équipes... Quant à l'efficacité, pour ceux pour qui cela reste capital... Je pense que les résultats du groupe parlent d'eux-mêmes.

De l'autre côté du miroir

Publié 14 décembre 2021

Il y a 2 ans en décembre 2019, j'ai lu cet article : **Microsoft teste la semaine de 4 jours au Japon**.

Où l'on peut lire que Microsoft a testé pendant un mois en août 2019 la semaine de 4 jours au Japon avec un véritable gain d'efficacité estimé à 40 % en comparaison à l'année précédente.

Alors que je suis constamment en recherche de ce que l'on pourrait mettre en place pour améliorer les conditions de travail dans le groupe, cela a déclenché une question dans mon esprit : « Et si dans le groupe on travaillait tout le temps 4 jours par semaine, qu'est-ce que ça changerait ? ».

Vous pourrez retrouver en lien en bas de cet article quelques articles où j'explique la démarche débutée après les NAO de 2020 et mise en place le 25 janvier 2021.

Mais si aujourd'hui je prends le temps de revenir sur le sujet, c'est parce que presque un an après la mise en place de la semaine de 4 jours dans le groupe (sans baisse de salaire malgré un passage à 32 heures), maintenant que j'en vois les effets réels, j'aimerais vous faire part de ce que nous avons pu observer et de ce qui a changé dans notre société qui explique sans doute pourquoi cela marche au-delà de nos espérances.

Tout d'abord où en est-on ?

Finalement un an plus tard, je vais vous raconter une histoire qui dépasse votre imagination, contre-intuitive, presque un conte de fées.

Oui j'ai l'impression d'être passé de l'autre côté du miroir et d'être un peu seul de ce côté, pourtant je ne suis ni en train de vouloir vous vendre un modèle, je n'ai rien à y gagner, ni en train de vouloir dire ou convaincre qu'on a eu raison pour avoir raison…

Non, j'ai juste le sentiment avec l'ensemble des équipes qu'on ne peut pas garder ce que nous vivons pour nous. Que ce ne serait pas juste pour « les autres », ni pour la société.

Nous sommes passés à la semaine de 4 jours le 25 janvier 2021, c'était le jour des 25 ans du groupe. Certains diront que c'était un beau cadeau d'anniversaire, quand aujourd'hui je vous dirais qu'on a mis trop de temps à se l'offrir... Mais nous ne le savions pas...

Depuis le passage aux NAO, les équipes ont bossé pour définir l'accord d'entreprise (que vous retrouverez en lien en bas de cet article) et ont surtout travaillé sur la nouvelle organisation de leurs plannings respectifs pour qu'une fois la semaine de 4 jours mise en place, les clients de chaque service – qu'ils soient internes ou externes au groupe – ne voient pas la différence, que le service rendu reste le même tout en continuant à travailler normalement – soit 5 ou 6 jours « ouverts » par semaine suivant les services.

J'insiste sur un point qui était pour moi capital, faire confiance à chaque équipe pour son organisation interne une fois les règles définies, pas d'ingérence dans leur gestion propre pour responsabiliser chacun sur le projet. Ainsi au final, presque aucune équipe n'a défini strictement les mêmes règles, mais ça marche partout…

Que s'est-il passé le 25 janvier après la mise en place ?

Rien... Enfin si, on a pris l'habitude de recevoir quelques mails en semaine qui disent « je suis off aujourd'hui », et qui ont largement diminué le temps de prendre l'habitude des nouveaux plannings de chacun. On a aussi appris que beaucoup de choses – tant que ça ne touche pas à notre qualité de service – n'étaient pas à 24 heures près.

Bien sûr, il arrive des fois qu'il y ait un poil de souplesse, qu'on doive décaler le jour off d'une personne dans la semaine ou d'une semaine, ou parfois d'un groupe de personne pour s'adapter aux autres, faire un séminaire… Mais uniquement de façon totalement exceptionnelle. Au final, notre qualité de service n'a pas changé, nos clients n'ont pas vu la différence, quoique si en vrai, ils entendent beaucoup plus de sourires au téléphone !

Cela donne quoi du coup concrètement ?

Il y a quelques jours nous avons communiqué les chiffres de notre premier semestre 100 % travaillés 4 jours.

Bilan : 6 % de croissance, 20 % de gain de résultat et un solde entre embauches et départs négatif.

Aucune perte d'efficacité... En fait c'est même pire que cela si on rentre dans le détail. Constatant dès le départ que les effets étaient spectaculaires en termes d'efficacité, et que cela ne coûtait rien à l'entreprise (voire même que ça nous rapportait de l'argent), nous avons même réévalué les salaires aux NAO de 2021 – en moyenne de 10 % pour les bas salaires (pour atteindre un salaire minimal de 1 940 euros bruts) et de plus de 3,5 % pour l'ensemble des autres personnels ont donc augmenté les charges sur le papier pour un meilleur résultat.

Ainsi aujourd'hui, malgré ce cadre idyllique et « hyper social », nous sommes l'une des sociétés les plus rentables de notre secteur.

Et côté bien-être, j'ai pu le vivre, le ressentir. Chaque année, je prends le temps de voir les équipes par groupe de 10 à 30 personnes pendant une heure en mode questions-réponses, la dernière fois était en octobre, 50 réunions pendant une semaine, un vrai marathon...

Bien sûr, au cours de ces rencontres, nous avons largement parlé du passage aux 4 jours et des conséquences sur la vie de chacun, et je ne pourrais pas vous exprimer à quel point cela faisait du bien de constater que cette mesure avait changé leur vie. Ce moment que je ne saurais pas décrire tellement il est fort, je souhaite à tous ceux qui gèrent une entreprise de le vivre avec leurs équipes. Le sentiment de progresser ensemble, de faire un énorme pas en avant, pour le bien-être de tous et pas seulement pour l'entreprise. Ce moment où l'on sait qu'on a fait un vrai progrès bénéfique à la vie de chacun. Avec cette touche magique qui se répercute sur l'entreprise et les équipes, car une entreprise qui se porte mieux c'est aussi de meilleurs résultats et une meilleure participation à partager…

Beaucoup de journalistes sont d'ailleurs venus nous voir, venus pour ressentir cette ambiance, car cela paraît trop beau, venus interroger « au hasard » les équipes pour éviter un discours qui serait truqué. Ils ont cherché l'erreur et ne l'ont pas trouvée.

Pourtant, cela n'a pas toujours été comme ça dans le groupe, ni côté ambiance, ni côté rentabilité, nous sommes dans un secteur à faibles marges, et où la moindre perte d'efficacité fait vite très mal aux comptes…

Mais tout a commencé à basculer à compter du jour où nous avons décidé de faire de nos équipes et de leur bien-être la priorité. Le passage à 4 jours, ayant clairement été sans aucun doute la plus importante des avancées dans ce sens.

Le jour où nous avons mis cette mesure en place pour être honnête dans mon calcul, il y avait quand même un coût à assumer. Du fait que l'on passe de 35 heures travaillées à 32 heures, il y aurait forcément un coût pour l'entreprise, je l'avais estimé à à peu près 4 % de la masse salariale. Mais j'avais fait le pari que des équipes qui se sentent bien, cela se ressent et cela fidélise les clients, et donc que quelque part nous devrions quand même à un moment nous y retrouver, au moins en termes de croissance.

J'avais fait une erreur !

Comme de nombreux économistes qui nous expliquent tous les jours que pour produire/gagner plus, il faut travailler plus, je n'avais pas intégré un paramètre qui lui n'est pas du tout mathématique. Un paramètre qui m'a fait totalement revoir cette notion-là depuis qu'on le vit, qui m'en a montré les limites…

On pourrait parler d'usure ou de fatigue…

Le monde a changé… Quand autrefois les tâches d'une journée étaient partagées tout au long de la journée en famille durant la semaine (travail, vie sociale, ménage, courses, préparation des repas, gestion et éducation des enfants, moments à soi…) et que le WE servait à complètement déconnecter. Aujourd'hui notre mode de vie ne permet plus ce partage des tâches durant la journée et c'est quelque part une illusion de croire que parce que l'on travaille beaucoup moins « qu'avant », on a fait des progrès sociaux. Oui, on travaille moins d'heures en entreprise, mais on ne partage plus les tâches entre chaque membre de la famille dans la journée, on doit maintenant caser tout ce qui n'est pas le travail salarié dans les quelques heures qu'il reste hors des horaires de travail et de déplacement liés au travail. Du coup si on fait le cumul de tout cela, on n'a plus du tout le temps de se poser en semaine, une vie sociale limitée ou tardive qui entame sur les heures de sommeil nécessaires, et à peine le temps de rattraper le retard de tâches personnelles non réalisées le samedi… pour tenter de souffler le dimanche avant de recommencer la semaine.

Du coup, heureusement, on a les congés payés qui ont augmenté pour compenser « en partie » et prendre le temps de récupérer de temps en temps.

Mais cela ne marche pas, c'est un peu comme quand vous pratiquez un sport… Si vous faites une pause régulière entre chaque exercice, vous pourrez aller plus loin plus longtemps sans vous fatiguer et sans jamais trop monter dans les tours. Si vous faites trop peu de pauses, ou juste quelques longues pauses de temps à autre, mais trop espacées, vous serez très vite fatigués et limités dans vos possibilités. Cela ne vous empêchera pas de temps en temps de pouvoir donner un coup d'accélérateur, mais à quel prix sur le temps de récupération ensuite… Voir avec le risque de vous cramer (claquage… Et au travail, burn-out…).

Et c'est ce phénomène purement physique et qui n'est pas modélisé dans les systèmes économiques qui change la donne. Car oui, avec une meilleure répartition des tâches en famille, autrefois on ne créait pas autant cette situation, cette saturation qui fausse complètement aujourd'hui l'équation « travailler plus pour produire plus et gagner plus ». Cela ne marche plus, en tous cas, cela ne marche pas pour une très grande majorité d'entre nous.

Et c'est là que la semaine de quatre jours vient rééquilibrer le système. 4 jours travaillés c'est aussi 3 jours de repos. C'est une journée complète de plus pour se reposer et faire tout ce qui n'est pas faisable quand on travaille, et c'est une journée de moins de pression liée au travail… <u>Toutes les semaines !</u>

Est-ce que c'est l'équilibre ultime, je n'en sais rien, mais cela explique qu'au final, contrairement à ce que l'on entend constamment, on peut travailler moins longtemps… Et être bien plus productif, simplement parce qu'on est mentalement beaucoup moins fatigué. On a repris le temps de vivre, d'équilibrer notre vie et d'en profiter.

Cela m'intrigue d'ailleurs, quand le sujet à la mode est le stress au travail, la charge mentale, que personne ne réalise ou ne cherche à agir sur ce déséquilibre et que la seule réponse que l'on entend pour augmenter la productivité est « il faut travailler plus » un peu comme si face à une machine dont les rouages sont à la limite de céder on disait « on doit produire plus, faites-la tourner plus vite ! ».

Qui ferait ça ? À part un mauvais responsable qui ne réfléchit pas aux conséquences ? Ou une entreprise au bord de la faillite qui n'a plus rien à perdre…

Mais en est-on là ?

En fait je pense surtout qu'on n'a même plus le temps de réfléchir au problème, et que le traumatisme pour beaucoup du passage aux 35 heures, qui ne résolvait pas du tout cette équation et donnait même le sentiment à beaucoup de devoir faire le même travail en moins de temps (pour éviter d'embaucher) et sans changer de rythme de vie « moderne » empirerait la situation « mentale » sans résoudre le besoin de repos pour pouvoir réellement produire plus, nous empêche aujourd'hui de vouloir voir une solution dans ce sens, nous pousse à vouloir revenir en arrière.

Mais si on a poussé les gens à faire en 35 heures le travail qu'ils faisaient en 39, est-on sûr qu'ils feront plus si on les repasse à 39, et si jamais on l'exige, ce sera à quel prix sur le stress et la charge mentale…

La solution miracle ?

Le seul problème que je vois aujourd'hui avec « la semaine de 4 jours » est de savoir si cela s'applique aussi simplement et efficacement « partout » et si ce n'est pas le cas comment on peut s'arranger pour en maximiser les possibilités. Comment on peut offrir à un maximum de monde ce confort de vie, ce gain de bien-être qui de surcroît augmente l'efficacité de chacun, qui pourrait corriger le mal du siècle : « le stress au travail » tout en générant de la croissance !

Car oui, le côté magique c'est que ce serait sans doute économiquement plus efficace, au-delà même de l'efficacité gagnée naturellement par plus de bien-être. Moins de charge mentale, moins de stress, c'est aussi moins d'absentéisme, moins de maladies, moins d'accidents, moins de tensions... Plus d'économies pour notre pays qui pourraient être réinvesties pour mieux vivre demain.

Et puis si cela ne crée pas nécessairement d'emploi direct, vu qu'il n'y a pas de perte d'efficacité a priori, cela créerait à minimum de l'emploi indirect pour occuper tous ceux qui auraient un jour de plus de congés. La multiplication des week-ends de 3 jours augmenterait aussi le tourisme local et redynamiserait sans doute nos campagnes.

On aurait dans tous les cas beaucoup à gagner

Bien sûr, j'entends déjà ceux qui disent que ce n'est que notre expérience personnelle, que ce que vit le groupe LDLC est un cas qu'il ne faut surtout pas prendre le risque de généraliser. Et c'est un peu pour cela que j'ai des fois le sentiment que l'on est passé de l'autre côté du miroir. Nous avons franchi un seuil qui nous fait voir une réalité différente, un peu comme cela a été le cas pour les premiers qui ont tenté le télétravail.

Maintenant sur le fond ils ont en partie raison, même si le phénomène se développe dans le monde et tend à donner toujours les mêmes résultats, il faudra plus d'exemples pour confirmer que le modèle est bon. Alors ce message est surtout là pour vous demander à vous responsables RH, vous chefs d'entreprise, vous administrateurs, vous membres d'un comité de direction, vous tous qui avez le pouvoir de faire avancer les choses, de réfléchir au sujet, de sortir de votre zone de confort, car cela en vaut très probablement le coup. Que votre point de vue soit pour le bien-être, mais même aussi s'il est purement économique !

Et pour tous les autres qui y croient, qui ont l'intuition que cela marche, mais pas le pouvoir d'agir, essayez de propager le message, pour que les chances que les expériences se multiplient soient plus importantes.

Vous voulez en savoir plus ?

Pour ma part, si je ne peux malheureusement pas répondre à toutes les sollicitations individuelles sur le sujet, je prends avec plaisir le temps quand je l'ai d'en parler et de répondre aux questions au travers de groupes, de clubs, de diffusions qui réunissent assez de personnes que cela pourrait inspirer.

Merci d'avoir pris le temps de me lire, si j'osais je vous dirais qu'il est maintenant temps d'agir et de vous demander si ça ne vaut pas le coup de nous rejoindre de l'autre côté du miroir, vous connaissez mon avis sur le sujet en tous les cas.

Les primes... indispensables ?

Publié le 18 mai 2021,

Chez LDLC en Juillet 2019... Toutes les primes des commerciaux ont disparu, tous les salaires sont devenus fixes !

Mais comment en est-on arrivé là ?

Tout commence le 19 février 2018, je viens de passer commande d'un livre qui va changer définitivement ma vision des primes.

« La vérité sur ce qui nous motive » de Daniel PINK

Si je devais en faire un résumé très très court... Je dirai « la prime » c'est comme la drogue : si on veut que l'effet se maintienne et ne devienne pas contreproductif, il en faut toujours plus, pire elle nous apprend de fait à tricher!

Mais le mieux c'est que vous preniez le temps de le lire

Notre histoire

À titre personnel, je trouvais déjà souvent injuste la distribution de diverses primes dans les sociétés (nous compris). Il y a le fixe, ça on sait que c'est acquis et puis il y a la partie variable du salaire, celle quelque part qu'on ne met pas tout de suite à l'embauche et que l'on conditionne à plein de différents critères qui vont être décrits dans le contrat de travail... Critères qui doivent en théorie être le moins subjectifs possibles histoire que la personne concernée soit le plus à même de savoir ce qu'elle peut espérer recevoir, et qui doivent ne pas être trop facilement atteignable sinon quel intérêt de les mettre sous forme de prime.

Dans les faits il y a souvent 3 types de critères : ceux basés sur des objectifs clairs à atteindre (calculable, ou mesurable facilement) pour déclencher tout ou partie de la prime ou surprime, d'autres un peu moins évidents à évaluer, de comportements de travail en équipe, d'intégration, de capacité de management ... Mais aussi une dernière catégorie que je qualifierai de contrôlante, qui est là pour être sûr que si le salarié ne respecte pas les règles il soit quelque part tout de suite sanctionné (ex. : prime mensuelle non versée en cas d'absentéisme)

Mais au fond derrière toutes ces primes il y a un fond commun qui me gênait, elles disent toutes indirectement : « Je quantifie une partie de ton salaire avec une prime parce que je ne te fais pas confiance pour donner le meilleur de toi-même pour le groupe » et aussi par conséquent « sinon je perds mon pouvoir de contrôle et de sanction possible sur toi si tu me déçois». Et c'est comme ça que sur l'attribution des primes avec des parties subjectives, la sanction est parfois lourde voir disproportionnée pour ne pas dire « à la tête du client ».

C'est pourquoi dans le cadre de la démarche dans laquelle était l'entreprise accès justement sur « apprendre à se faire confiance et à instaurer le droit à l'erreur de façon équitable entre tous » cela n'avait pour moi pas/plus de cohérence.

Du coup lors des NAO de mars 2018 nous avons supprimé et intégré dans les salaires toutes les primes sur objectifs divers et variés existantes…

Vraiment toutes ?

Non, un village d'irréductibles Gaulois a fait de la résistance : les commerciaux. Et je n'avais dans un premier temps pas insisté auprès du directeur commercial quand il m'a posé son veto conscient du changement culturel que cela serait

Cela dit, un an plus tard ils ont entamé un nouveau chantier sur la définition du nouveau « Pay Plan 2019-2020» qui allait leur permettre de tenter améliorer les quelques travers de celui en place (un peu comme les tentatives précédentes…). Plusieurs réunions du directeur commercial et de ses managers étaient prévues pour le définir en collaboratif et je me suis permis de demander à en faire partie...

J'ai donc assisté à la présentation de 2 nouvelles formules « magiques » censées être plus justes et gommer une bonne partie des problèmes observés par la version précédente (problème classique d'équité, démotivation, triche, frigo, équipe/pas équipe, portefeuilles inéquitables, changement de portefeuille, calcul de marge parfois imprécis, gestions des congés...). Bon, elles ne résolvaient pas tout (c'est impossible...), mais elles tentaient...

Une fois les présentations terminées et avant qu'une décision ne soit prise, j'ai pris le temps de leur demander si je pouvais proposer une troisième solution (il faut préciser que jusque-là seul le directeur commercial savait ce que j'allais dire).

J'ai donc émis très simplement ma solution « Et, si nous supprimions toutes les primes et que tout le monde passait au fixe »

Je vais être honnête, je regrette aujourd'hui encore de ne pas avoir filmé ce moment-là... j'ai créé un véritable froid, je les ai figés sur place et pendant 5 à 10 secondes on aurait entendu une mouche voler ! Jusque ce que l'un d'entre eux prenne la parole et me dise « Mais Laurent on est des commerciaux, pourquoi on va travailler si on a plus de primes ? »

Vous vous posez aussi la question ?

Alors je vais tenter d'y répondre.

Tout d'abord j'ai rappelé à l'équipe que l'ADN de notre société était d'assurer le meilleur service à nos clients, et que de fait la confiance que nous installions entre nous devaient être exactement le même vis-à-vis de nos clients. Du coup je ne souhaitais pas que leur discours commercial soit influencé par un objectif à atteindre, que ce soit sur une marge meilleure sur un produit plus qu'un autre, ou par un incentive proposé par une marque partenaire, ou encore simplement par un chiffre d'affaires à atteindre à tout prix pour avoir la prime du mois. Non je voulais que le discours soit non 'biaisé' qu'il soit honnête, qu'il soit adapté au vrai besoin du client, car ce serait le meilleur moyen de le fidéliser.

Je leur ai dit : vous avez l'air de quoi quand un mois vous appelez pour dire « Bonjour, j'ai une super opération sur le portable X, ne la ratez pas c'est le meilleur du marché… Ah non, il est bien mieux qu'Y» suite à un incentive de X et que 2 mois plus tard vous rappelez pour dire « j'ai une super opération sur le portable Y, ne la ratez pas c'est le meilleur du marché… ah non, il est bien mieux que X… Ah? vous avez acheté le X il y a 2 mois lors de l'opération… Oui, mais la Y a été mis à jour du coup il est devenu meilleur….». Dans les faits dès le premier appel le client n'est pas stupide il sait bien que c'est un discours purement commercial, et il saisira ou pas l'opportunité uniquement s'il a un besoin à ce moment-là, mais au final, il n'y a pas de construction d'une relation de confiance… Juste du commerce basic.

(Alors oui bien sûr diront certains cela marche, d'éplucher des listes de prospects/clients et de fonctionner ainsi, mais ce n'est pas nous…)

Alors bien sûr ils ont accepté cet argument, mais cela ne changeait rien au problème « Si on n'a pas de prime pourquoi on bosserait, pourquoi on tenterait d'atteindre les objectifs ? »

Pour le coup la réponse était plutôt facile… « Et pourquoi croyez-vous que tous les autres travaillent dans la boite ? » Eh oui on l'oublie un peu trop souvent, mais derrière les équipes commerciales, il y a très souvent un nombre considérable de collaborateurs qui viennent travailler tous les jours pour que la société se développe et qui ne sont pas incentivés pour cela et pourtant ils font tout pour que tout se passe au mieux sans arrière-pensée. Mais la deuxième partie de la question était tout aussi intéressante : « pourquoi tenterait-on d'atteindre les objectifs ? » et une fois de plus je les ai un peu perdus quand je leur ai répondu : « Mais vous n'aurez plus d'objectifs ! Si ce n'est juste celui de faire de votre mieux… Et je ne veux surtout pas que vous en fixiez un sinon il aurait l'effet d'un plafond de verre...»

Là j'avoue, je crois que je les ai perdus, ils n'avaient plus de repères... Et nous allions avoir besoin d'un peu plus de temps pour réfléchir à tout cela. Du coup ce jour-là nous nous sommes quittés sur une seule phrase « Prenez le temps de réfléchir à tout ça on en reparle dans une semaine ! »

Et ils sont revenus avec pleins de questions et /interrogations...

« Les meilleurs vont partir ! »

Non si le fixe devient le reflet de leur performance, il n'y a pas de raison...

« Alors s'ils sont payés au fixe, ils ne vont plus faire d'efforts... Puisque ce sera acquis une fois pour toutes »

Cette façon de penser reflète un manque de confiance, si la reconnaissance est là, il n'y a pas de raison qu'ils changent... Et j'en prends le risque.

« Comment peut-on être sûr d'avoir un salaire juste... ? »

Si vous êtes excellents et que je vous paye mal, je suis sûr que vous irez voir ailleurs, ce n'est pas dans mon intérêt

« Si les équipes n'ont plus d'objectifs comment va-t-on les manager ? »

Pas d'objectif ne veut pas dire que l'on ne fait plus rien. Comme dans un jeu, d'une partie à l'autre l'objectif est de progresser et ce sera le défi de chacun.

Et un peu comme dans un jeu, c'est l'intention qui compte, si on s'accroche on progresse, pas linéairement, mais naturellement. Le travail du manager sera d'accompagner les progrès, de soutenir, d'aider, de montrer l'exemple plutôt que de sanctionner la contre-performance ou de fixer des objectifs "un peu au hasard".

« Comment va-t-on savoir si nos performances sont bonnes ? »

Si nous faisons mieux que la croissance du marché sur l'année, on est sur la bonne voie.

« Comment récompense-t-on une très grosse affaire quand cela arrive ? »

Félicitez-vous, partagez un petit-déj et racontez l'histoire aux autres, faites un repas d'équipe, offrez un WE… mais pas de « prime monétaire »

« Et si ça ne marche pas, qu'est-ce qui se passe une fois qu'on est tous au fixe ? »

Je prends un pari, c'est que cela va marcher, et si je me trompe, cela risque d'être compliqué, mais j'en prends le risque

« Alors on a plus de prime du tout ? »

Si, comme tout le monde et dans les mêmes conditions que tout le monde, vous avez le droit à la participation, qui permet à chacun de bénéficier du travail et des résultats que l'on a accompli ensemble.

« C'est un système communiste qui ne reconnait pas les meilleurs »

Non le but n'est pas de payer tout le monde au même salaire, mais d'être plus juste et plus constant. Bien sûr, certains, plus conquérants, peuvent ne pas se reconnaitre dans le modèle. Mais pour l'équilibre du modèle, je prends aussi le risque de les voir partir.

Et en plus cela résout tous vos problèmes !

- Il n'y a plus d'intérêt à faire du frigo (et à retarder des livraisons clients !!!)
- Inutile de passer du temps à calculer le meilleur moyen de maximiser sa prime d'un mois sur l'autre (planter un mois pour assurer l'autre par exemple…)
- Un compte peut passer d'un commercial à l'autre sans perte pour personne si besoin est.
- Il n'y a pas de « mauvais portefeuille » qui empêche d'avoir sa prime
- Si une année le marché décroit, les salaires ne baissent pas… pas de risques de ne pas réussir les objectifs parce que les clients « ne sont pas là »
- Plus d'erreurs de calculs de primes (marges mal calculées, avoirs mal comptés, clients en retard de paiement…)
- Plus de petits malins qui savent comment gonfler leur chiffre artificiellement (fausse facturation suivie d'avoir …)

- Pas de primes ratées parce que le stock n'est pas là
- Pas de stock qui dort parce qu'obsolète et vendu à perte donc qui ne génère pas de marge voir pire la baisse et qu'on ne vend surtout pas…
- Pas de regret si on ne prend pas une affaire parce que la direction "ne la sent pas"
- Plus de commerciaux qui se jalousent parce que c'est toujours les autres qui ont les bons clients…
- Plus de pression sur un objectif à atteindre, des comptes à rendre
- + d'entraide si un commercial est en difficulté vous avez le temps de prendre le temps de comprendre pourquoi et de l'aider
- Plus d'heures sup pour arriver à atteindre « le chiffre »
- Plus de pression sur les clients en les relançant sans arrêt ou en essayant de leur vendre toujours plus
- Plus de mensonges et/ou de fausses promesses …
- Un discours vrai vis-à-vis du client

J'oublie, certainement beaucoup de questions et d'avantages. Et ce que l'on peut dire c'est qu'au final cela bouscule, mais difficile de trouver de vrais défauts insurmontables, au contraire sur le papier cela semble surtout corriger un maximum de problèmes courants engendrés par « les primes ». Alors ils ont suivi, pas tous convaincus, certes, mais je dirai que la curiosité de voir a aidé et nous avons basculé en juillet 2019.

Quand cela a été annoncé, certains commerciaux ont aussitôt déclaré qu'ils partiraient ou /et qu'ils ne feraient plus d'effort. Globalement les nouveaux salaires fixes à quelques ajustements près ont été établis sur la base des résultats des 2 dernières années de salaires (il était amusant de constater qu'ils étaient déjà variables mensuellement, mais relativement fixes d'une année sur l'autre).

Et personne n'est parti... Personne n'a vraiment baissé les bras, et dès juillet 2019 après plusieurs mois de contre-performance nous avons fait 10% de croissance « sans forcer »...

Au final,

Presque 2 ans plus tard, l'efficacité est là, maintenant sur 4 jours de travail de surcroit et en télétravail. Le chiffre est en croissance tous les mois, les clients nous sont de plus en plus fidèles, et apprécient l'équipe parce qu'elle prend le temps de comprendre leurs problèmes, d'y répondre sincèrement et sans pression...

Mais ce n'est pas tout à fait vrai, il y a toujours un peu de pression, car on a de plus en plus de clients fidèles et de nouveaux clients à gérer

Et la participation sera cette année à la hauteur du travail réalisé

Laurent

PS: Mon but n'est pas de dire "on a la bonne solution...".

Juste de faire réfléchir...

Accord de Travail

Vous pouvez retrouver ci-dessous, l'accord de travail reprenant les modalités de mise en place de la semaine de 4 jours au sein du groupe LDLC.

Accord d'entreprise "Accord d'entreprise relatif à la semaine des quatre jours" chez GROUPE LDLC (Siège)

Cet accord signé entre la direction de GROUPE LDLC et le syndicat CFE-CGC et CFDT et CGT le 2020-12-18 est le résultat de la négociation sur l'aménagement du temps de travail, la modulation du temps de travail ou l'annualisation du temps de travail, les augmentations de salaire (ou diminution / gel des salaires).

Périmètre d'application de la convention signée entre l'entreprise et le syndicat CFE-CGC et CFDT et CGT

Numéro : T06921014224

Date de signature : 2020-12-18

Nature : Accord

Raison sociale : GROUPE LDLC

Établissement : 40355418100178 Siège

Salaire : les points clés de la négociation

La négociation s'est portée sur les thèmes suivants

Modulation, annualisation et cycles du temps de travail

Accord d'entreprise relatif à la négociation annuelle obligatoire 2019 (2019-04-30)

accord d'entreprise relatif à la semaine des 4 jours (2020-12-18)

Augmentations de salaire, NAO, évolution de la rémunération

Accord prime de Noël 2018 (2018-11-29)

Accord d'entreprise relatif à la négociation annuelle obligatoire 2019 (2019-04-30)

Conditions du dispositif salaire pour les salariés : le texte complet de l'accord du 2020-12-18

ACCORD D'ENTREPRISE RELATIF A LA SEMAINE DE TRAVAIL DE QUATRE JOURS

ENTRE :

La Société GROUPE LDLC représentée par Monsieur XXXXXXXX, en sa qualité de Directeur général, SA à directoire au capital de 1.137.979,08 euros, immatriculée au Registre du Commerce et des sociétés sous le numéro 403 554181- RCS Lyon, dont le siège social est situé 2 rue des érables – 69760 LIMONEST.

D'UNE PART,
ET,

Les Organisations syndicales suivantes au sein de la Société GROUPE LDLC :

La CFDT représentée par XXXXXXXXXXXXXX agissant en sa qualité de Délégué Syndical,

La CGT représentée par XXXXXXXXXXXXXXXX agissant en sa qualité de Déléguée Syndicale,

La CFE-CGC représentée par Madame XXXXXXXXXXXXXX et par XXXXXXXXXXXXXX, agissant en leur qualité de Déléguées Syndicales.

D'AUTRE PART,
IL A ETE CONVENU CE QUI SUIT :

PREAMBULE

La politique sociale de l'entreprise est guidée depuis plusieurs années par le souci d'assurer auprès de l'ensemble des collaborateurs un véritable bien-être au travail tout en préservant la compétitivité économique de l'entreprise.

La notion de bien-être au travail est un concept englobant qui fait référence à un sentiment général de satisfaction et d'épanouissement dans et par le travail.

Le bien-être met l'accent sur la perception personnelle et collective des situations et des contraintes de la sphère professionnelle. Le sens de ces réalités a, pour chacun, des conséquences physiques, psychologiques, émotionnelles et psychosociales et se traduit, en outre, par un certain niveau d'efficacité pour l'entreprise.

Aussi, la Direction est convaincue que cette approche sociale, reposant sur le bien-être au travail, développera dans l'entreprise une conception de l'efficacité et de la performance respectueuse de la santé de ses salariés, favorisant leur motivation et leur implication dans le travail et contribuant à l'épanouissement professionnel des salariés tout en améliorant l'ambiance de travail au sein des équipes.

Convaincue du bien-fondé de cette approche, la Direction a pris la décision de faire un pas supplémentaire en instituant la « semaine de travail de 4 jours ».

Autrement dit, au lieu de travailler sur cinq jours ouvrés, les salariés travailleront sur 4 jours, et bénéficieront ainsi d'une journée entière non travaillée.

Aussi, la Direction a pris la décision d'associer à cette démarche une réduction de la durée hebdomadaire du travail, celle-ci passant de 35 heures à 32 heures, réparties sur 4 jours.

C'est dans ce contexte, et guidées par cette approche sociale, que les Parties ont convenu ce qui suit :

CHAPITRE I – CLAUSES GENERALES

Article 1. Champ d'application du présent accord

Le présent accord s'applique à l'ensemble du personnel de la société, dans les conditions et selon les modalités ci-après définies.

Article 2. Substitution du présent accord aux dispositions collectives applicables

À compter de l'entrée en vigueur du présent accord les dispositions suivantes cessent de s'appliquer :

L'accord d'entreprise relative à la réduction du temps de travail du 12/09/2001 ainsi que les avenants N°1 du 28/11/2002 et l'avenant N°2 du 20/02/2003 ;

Les dispositions de l'article 3-2 de l'accord de substitution du 30/10/2018 ;

Les dispositions relatives à l'autorisation d'absence pour formalité administrative prévues à l'article 5 de l'accord de négociation annuelle obligation du 23/04/2018 ;

L'article 5 de l'accord sur l'organisation de l'aménagement du temps de travail au sein de la société Rue du commerce du 27/04/2018 relatif à la convention annuelle en forfait jours fixée à 217 jours

L'article 19 de l'accord du 27/04/2018 qui prévoit une durée hebdomadaire de 37 heures avec acquisition de JRTT

La journée de déménagement qui avait été concédée par la Direction dans le cadre des NAO est supprimée.

Par ailleurs, le présent accord modifie les dispositions suivantes :

Article 3.1 « cadres bénéficiant d'une convention de forfait annuel en jours » de l'accord de substitution du 30/10/2018 : le dispositif du forfait annuel en jours est modifié dans les conditions et selon les modalités prévues à l'article 3.1.2 du présent accord,

Article 3 – Les modalités d'organisation de la « semaine de travail sur 4 jours »

3-1- La « semaine de travail sur 4 jours »

La durée du travail des salariés sera désormais répartie sur 4 jours, et non plus sur 5. Cette nouvelle organisation se traduit par une réduction de la durée du travail, dans les conditions et selon les modalités

ci-après définies :

3-1.1. Pour les non-Cadres

La durée hebdomadaire de travail effectif est fixée à 32 heures, réparties sur 4 jours, soit 138,67 heures par mois.

La durée du travail quotidienne est fixée à 8 heures.

Le jour non travaillé hebdomadaire sera déterminé selon les modalités ci-après définies à l'article 3.2.

3-1.2. Pour les Cadres

La Direction a souhaité intégrer les salariés en forfaits jours dans le dispositif de la « semaine de travail sur 4 jours », considérant que les objectifs de bien-être au travail poursuivis devaient également s'appliquer à cette catégorie de salariés.

La « semaine de travail sur 4 jours » nécessite, pour cette catégorie de salariés, les adaptations suivantes :

Le nombre de jours prévus au forfait demeure de 216 jours. Pour les besoins rédactionnels du présent accord, ces jours sont dénommés « jours travaillés » (JT),

Le nombre de « jours non travaillés » (JNT) demeure calculé comme suit :

Pour mémoire, la période de référence prise en compte pour déterminer ce forfait en jours couvre l'année civile calendaire du 1er janvier au 31 décembre.

Le nombre de JNT est déterminé chaque année avant la fin de l'année précédente en fonction du calendrier, compte tenu, notamment, du nombre réel de jours fériés ne tombant pas un jour de repos hebdomadaire, par application de la méthode de calcul suivante :

Soit N le nombre de jours calendaires sur la période de référence

Soit RH le nombre de jours de repos hebdomadaires sur la période de référence (week-end)

Soit CP le nombre de congés payés dû sur la période de référence

Soit JF le nombre de jours fériés ne tombant pas un jour de repos hebdomadaire sur la période de référence (week-end)

Soit F le nombre de jours du forfait jours sur la période de référence

Il est dans un premier temps déterminé le nombre de jours potentiellement travaillés (P) comme suit : N – RH – CP – JF = P

Le nombre de JNT est ensuite déterminé par la différence entre le nombre de jours potentiellement travaillés et le nombre de jours du forfait jours : P – F.

A titre d'exemple pour l'année 2021, le nombre de jours non travaillés (JNT) serait de 13.

P = 365-104-25-7= 229 jours potentiellement travaillés

F= 216 jours

P-F= 229-216= 13 jours non travaillés (JNT) en 2021

Afin de permettre l'application en pratique de la « semaine de travail sur 4 jours », il sera attribué aux salariés des jours « de repos », dénommés « jours LDLC ».

A titre d'exemple, pour permettre l'organisation de la semaine de 4 jours sur 2021 :

47 jours devront être non travaillés sur l'année 2021,

Sous réserve de l'impact des jours fériés, cela suppose l'attribution, pour une année complète d'activité, de 34 « jours LDLC », auxquels s'ajoutent 13 JNT.

Ces jours ont pour seule vocation de permettre l'application de la « semaine de travail sur 4 jours ». Cet unique objectif conditionne les modalités et conditions d'attribution de ces jours « sui generis » ainsi que leur régime juridique relevant exclusivement des dispositions suivantes :

Ces jours, qui ne sont et ne doivent pas être travaillés, sont attribués par l'employeur, chaque semaine de travail effectif du salarié. Leur système d'attribution repose donc sur une acquisition au fur et à mesure des semaines travaillées, et dans le cadre de celles-ci, afin de réduire lesdites semaines à 4 jours de travail,

Le cadre d'attribution de ces « jours LDLC » est hebdomadaire.

Par conséquent, les « jours LDLC » ne peuvent se stocker, ni être reportés ou rachetés : ils sont alloués dans le même cadre hebdomadaire que celui de leur prise. Ils ne peuvent non plus donner lieu à récupération.

A titre d'illustration, si un salarié devait être malade le « jour LDLC », ce jour devient sans objet (il est « perdu ») et il ne pourra être ni récupéré, ni reporté ni stocké dans un quelconque compteur et, par conséquent, ni racheté.

Les périodes de suspension du contrat de travail, rémunérées ou non, ne donnent donc pas lieu à attribution du « jour LDLC ».

Sous ces réserves, les « jours LDLC » sont assimilés à des jours travaillés (JT) s'agissant :

De la rémunération du salarié : ils bénéficient d'une rémunération au taux journalier du JT

Des congés payés : ils sont pris en compte dans les règles d'acquisition des congés payés,

Du calcul du nombre de JT : ils sont pris en compte pour le calcul du forfait de 216 et les règles liées au rachat des JNT. En d'autres termes, un « jour LDLC » vient alimenter le compteur annuel des JT, dont le forfait est défini à 216 jours.

Par conséquent, l'article 3.1 « Cadres bénéficiant d'une convention de forfait annuel en jours » de l'accord du 30/10/2018 est modifié comme suit :

L'article 3.1.7 est ainsi renommé « Décompte des jours travaillés / suivi de la charge de travail et de l'amplitude des journées de travail / Equilibre vie privée et vie professionnelle »

L'article 3.1.7.1, renommé « Contrôle du décompte des jours travaillés / non travaillés » est intégralement remplacé par les dispositions suivantes :

« Le forfait annuel en jours s'accompagne d'un décompte des journées travaillées (JT) établi au moyen d'un outil de suivi objectif, fiable et contradictoire mis en place par la Société permettant de s'assurer du respect du plafond de 216 jours.

Ce suivi est établi par le salarié sous le contrôle de la Direction via le logiciel de suivi des temps et il a pour objectif de concourir à préserver la santé du salarié.

A cette fin le salarié déclare chaque mois dans le logiciel de suivi des temps sa durée du temps de travail journalière afin que l'employeur soit en mesure de savoir si celle-ci été raisonnable, en cochant la case suivante : « Le salarié certifie ne pas avoir travaillé plus de 10 heures par jour. » À défaut il devra indiquer les jours et l'amplitude de travail concernée dans l'espace réservé à cet effet et demander un entretien avec son responsable hiérarchique ou avec les Ressources humaines pour les en informer.

Devront être renseignées chaque mois par le salarié dans le logiciel de suivi des temps :

La date des journées ou demi-journées de repos prises. Pour ces dernières la qualification de ces journées devra impérativement être précisée : congés payés, congés conventionnels, repos hebdomadaire, JNT, « Jour LDLC » ;

Un suivi des amplitudes raisonnables de travail. A cet égard, il est précisé que l'amplitude raisonnable est fixée à 10 heures. Cette notion n'a pas pour objet de définir une durée « normale » ou « habituelle » d'amplitude, mais une durée raisonnable au-delà de laquelle, si cette durée devait se répéter, le responsable hiérarchique du salarié concerné devra déclencher un entretien avec celui-ci afin d'examiner les raisons de cette amplitude et, si besoin, d'adapter la charge de travail afin que celle-ci demeure raisonnable.

Le cas échéant, il appartiendra au salarié de signaler à son supérieur hiérarchique ou aux Ressources humaines, toute difficulté qu'il rencontrerait dans l'organisation ou la charge de son travail et de solliciter un entretien auprès de lui en vue de déterminer les actions correctives appropriées, et ce, sans attendre l'entretien annuel prévu ci-dessous et sans qu'il s'y substitue.

Après l'article 3.1.7.3, il est ajouté un article 3.1.7.4 « Renonciation aux JNT – Mécanisme du RACHAT » :

« Les Parties précisent, tout d'abord, qu'au regard de l'objectif poursuivi par la Direction et rappelé en préambule, le mécanisme de rachat doit demeurer très exceptionnel et en tout état de cause, doit faire l'objet d'un accord préalable du Manager ».

Ce mécanisme de rachat concerne les seuls jours non travaillés (JNT). Il est en effet rappelé que les « jours LDLC » ne se « stockant » pas, compte tenu de leur objet, ils ne peuvent faire l'objet de report, de récupération ou encore de rachat.

Dans ce cadre, et sous cette réserve, le salarié qui le souhaite peut, en accord avec l'entreprise, renoncer à une partie de ses jours de repos en contrepartie d'une majoration de son salaire. L'accord entre le salarié et l'employeur est établi par écrit.

Un tel rachat nécessite l'accord écrit et préalable de l'employeur et du salarié.

Dans cette hypothèse un avenant à la convention de forfait sera établi entre le salarié et l'entreprise. Il est précisé qu'en application des dispositions de l'article L. 3121-59 du Code du travail, cet avenant est valable uniquement pour l'année en cours et ne peut être reconduit de manière tacite.

Le taux majoration applicable à la rémunération en cas de renonciation est fixé à 10 %. La détermination du salaire journalier de référence se fera par application de la formule suivante :

Rémunération annuelle

(216 jours + CP + jours fériés chômés)

Compte tenu de la renonciation, et conformément aux règles légales, le nombre maximal de jours travaillés par période de référence ne peut excéder 235 jours. »

Après l'article 3.1.7.4, il est ajouté un article 3.1.7.5 « Modalités de prise des jours de JNT » (Jours Non Travaillés)

« Au regard des objectifs poursuivis par les Parties, à savoir l'instauration de la « semaine de travail sur 4 jours », un JNT devra être positionné chaque semaine de travail effectif selon les modalités définies ci-après à l'article 3.2.

Les jours non travaillés (JNT) seront positionnés de manière systématique sur les premières semaines travaillées de la période annuelle de référence, les « jours LDLC » étant, une fois les JNT épuisés, attribués afin de permettre l'application de la « semaine de travail sur 4 jours.

Ces modalités de prises des JNT sont la contrepartie de l'attribution des « jours LDLC ». Elles ne remettent pas en cause l'autonomie des salariés cadres qui demeurent libre de s'organiser, dans le cadre de la « semaine de travail sur 4 jours ».

En cas de départ ou d'arrivée en cours de période de référence, le nombre de Jours travaillés (JT) et par conséquent de JNT sont proratisés conformément aux dispositions de l'article 3.1.3 (alinéa 5) de l'accord du 30 octobre 2018. Les JNT posés par anticipation et dont le nombre, compte tenu de l'application desdites règles de proratisation, ressortirait comme étant inférieur à ceux posés, seraient automatiquement et rétroactivement requalifiés en « jours LDLC ».

3-2 Modalités de fixation du jour hebdomadaire non-travaillé

Les modalités de choix du jour hebdomadaire non travaillé seront fixées et communiquées par note d'information après consultation du comité économique et social d'établissement.

Toutefois, il est d'ores et déjà prévu que ce jour non travaillé ne pourra pas être fractionnable.

De plus, le choix de ce jour non travaillé devra être strictement compatible avec l'organisation de l'activité. A cet égard, dans les magasins employant moins de 5 salariés, pour des raisons de bonne organisation et de rotation du personnel, la Direction pourra, par note de service, imposer la détermination du jour non travaillée.

Sans préjudice des droits des salariés en forfait jours, le jour non travaillé tombant un jour férié, ne fait l'objet d'aucune récupération sur un autre jour.

Article 4- Le principe de maintien de salaire

4-1. Pour les Non-cadres actuellement soumis à une durée hebdomadaire de 35 heures

La réduction de la durée hebdomadaire de la durée du temps de travail de 35 heures à 32 heures réparties sur 4 jours, n'entrainera aucune baisse de salaire pour le personnel non-cadre.

Le salaire versé pour l'ensemble du personnel non-cadre correspondant à une durée hebdomadaire de 35 heures sera maintenu lors du passage aux 32 heures hebdomadaires, augmentant de fait le taux horaire de l'intéressé.

4-2. Pour les Cadres en Forfait Jours

Le salaire mensuel des cadres relevant d'une convention annuelle de forfait de 216 jours, sera maintenu, indépendamment du nombre de « jours LDLC » attribués. Autrement dit, les « jours LDLC » sont rémunérés selon le même taux journalier que les JT.

4.3. Situations particulières

Salariés relevant d'une organisation annuelle de travail spécifique

Les anciens salariés de Top Achat relèvent d'une modalité spécifique d'organisation annuelle du travail. Ces salariés travaillent en moyenne 35 heures par semaine selon les modalités suivantes :

37 heures hebdomadaires,

Attribution de JRTT afin de ramener la durée moyenne annuelle de travail à 35 heures.

Le présent accord met fin à cette modalité particulière du temps de travail.

Salariés relevant d'une convention individuelle de forfait de 39 heures hebdomadaires

Pour des raisons historiques (liées à la fusion des sociétés LDLC et Domisys) certains salariés relèvent, à la date de signature des présentes, d'une convention individuelle de forfait de 39 heures hebdomadaires.

Ces salariés bénéficient d'une rémunération structurée de la manière suivante :

Une partie de leur rémunération est définie sur la base d'une durée de 35 heures,

A laquelle s'ajoute 4 heures supplémentaires structurelles, majorées à 25%.

Les salariés soumis à une convention individuelle de forfait de 39 heures hebdomadaires se verront proposer la « semaine de travail de 4 jours » et par conséquent la réduction de leur temps de travail hebdomadaire à 32 heures, avec un maintien de leur salaire calculé sur la base de 35 heures hebdomadaires (hors partie du salaire rémunérant les 4 heures supplémentaires majorées).

Cette modification pourrait intervenir à tout moment à la demande des salariés et sera formalisée par un avenant individuel conclu avec les intéressés.

Salariés à temps partiel

Pour les salariés à temps partiel, soumis à une durée contractuelle comprise entre 32 et 35 heures hebdomadaires, il sera proposé de conclure un avenant organisant :

La semaine de travail sur 4 jours,

Se traduisant par une réduction/un maintien de la durée de travail à 32 heures, soit 8 heures par jours,

Avec un calcul de leur rémunération actuelle ramenée sur la base de 35 heures, dans un souci d'égalité de traitement avec les autres salariés.

Pour les salariés à temps partiel, soumis à une durée hebdomadaire inférieure à 32 heures, il sera proposé l'alternative suivante :

La semaine de travail de 4 jours, sur la base de 32 heures hebdomadaire, dans les conditions et selon les modalités (notamment en termes de rémunération) définies à l'alinéa précédent,

La semaine de travail de 4 jours, sur la base de leur durée actuelle et contractuelle de travail. Dans cette hypothèse, la rémunération fera l'objet d'un réajustement afin que soit appliqué l'augmentation du taux horaire dans les mêmes conditions que pour les autres salariés.

Voir exemple de calcul en Annexe 1

Cette modification pourrait intervenir à tout moment à la demande des salariés et sera formalisée par un avenant individuel conclu avec les intéressés

Les Forfaits jours réduits

À titre liminaire, les Parties rappellent qu'aucun salarié en forfait jours ne bénéficient, à la date des présentes, d'une convention individuelle réduite inférieure à 185 jours.

Par conséquent, et pour les salariés qui bénéficient d'un forfait annuel en jours réduit compris entre 215 et 183 jours (journée de solidarité incluse) se verront proposer un avenant organisant le forfait annuel de 216 jours.

En effet, pour ces salariés, le maintien de leur forfait réduit n'aura aucun intérêt dans la mesure où, au regard du nombre de JNT et du nombre de « jours LDLC », le nombre de JT effectivement travaillé sera d'environ 182 jours (calcul effectué, à la date des présentes, sur l'année 2021).

Leur rémunération sera augmentée à due proportion, avec maintien de leur taux journalier.

Cette modification pourrait intervenir à tout moment à la demande des salariés et sera formalisée par un avenant individuel conclu avec les intéressés.

Apprentis, alternants, contrat de professionnalisation et stagiaires

Les apprentis, alternants et contrat de professionnalisation sont soumis à des dispositions législatives et réglementaires spécifiques sur la durée du travail, en lien en outre avec la formation suivie.

Par conséquent, la semaine de 4 jours (et la réduction corrélative de la durée du travail à 32 heures hebdomadaires) ne leur est pas applicable.

Enfin, les dispositions du présent accord ne sont pas applicables aux stagiaires.

Les salariés intérimaires

Le dispositif de la « semaine de travail sur 4 jours » tel que prévu à l'article 2 du présent accord est applicable aux intérimaires, dès lors qu'ils ont une présence continue dans l'entreprise d'au moins une semaine échue.

Néanmoins, Il est convenu que la société Groupe LDLC se réserve le soin de fixer le jour hebdomadaire non travaillé pour chaque intérimaire.

Article 5- Les Heures supplémentaires pour les salariés soumis à la durée de 32 heures hebdomadaires

Les heures supplémentaires réalisées par le Personnel non-Cadre soumis à la durée hebdomadaire de 32 heures seront décomptées à compter de la 33éme heure hebdomadaire.

La majoration du taux horaire applicable sera de 25 % à compter de la 33ème heure de travail jusqu'à la 43ème heure supplémentaire réalisée dans la semaine. Les heures supplémentaires hebdomadaires suivantes donneront lieu à une majoration de 50%.

Pour rappel, le contingent annuel d'heures supplémentaire applicable dans l'entreprise est fixé à 220 heures par an et par salarié.

Article 6 - Les heures pour recherche d'emploi, l'autorisation d'absence pour formalité administrative et de la journée de déménagement

Il est convenu que les heures pour recherche d'emploi prévues par les dispositions de la convention collective de la Vente à distance (article 4 et 14 de l'avenant cadre du 28/04/2010 et 2 et 15 de l'Avenant Ouvriers et Employés du 06/02/2001 -IDCC 2198) seront exclusivement positionnées sur la journée hebdomadaire non travaillée ou « Jours LDLC ».

La journée annuelle d'absence pour formalité administrative prévue à l'article 5 de l'accord relatif à la négociation annuelle obligatoire du 23/04/2018 est supprimée. Cette journée n'ayant plus d'objet, en raison de la mise en œuvre de la semaine de travail sur 4 jours.

De même, la journée pour déménagement telle que négociée dans le cadre des NAO est supprimée.

Cette journée n'ayant plus d'objet, en raison de la mise en œuvre de la semaine de travail sur 4 jours.

CHAPITRE II – CLAUSES FINALES

Article 7 : Entrée en vigueur et durée de l'accord

Le présent accord entrera en vigueur au 25 janvier 2021.

Il est conclu pour une durée indéterminée.

Article 8 : Révision – Dénonciation

Pendant sa durée d'application, chaque Partie signataire ou adhérente peut demander la révision de tout ou partie du présent accord, notamment au cas où ses modalités de mise en œuvre n'apparaîtraient plus conformes aux principes ayant servi de base à son élaboration. Conformément à l'article L 2261-7-1 du Code du travail, sont habilitées à engager la procédure de révision du présent accord :

Jusqu'à la fin du cycle électoral au cours duquel le présent accord a été conclu, une ou plusieurs organisations syndicales de salariés représentatives dans le champ d'application du présent accord, qu'elles soient signataires ou adhérentes de cet accord, ainsi que la direction de la Société GROUPE LDLC ;

A l'issue de cette période, une ou plusieurs organisations syndicales de salariés représentatives dans le champ d'application du présent accord, ainsi que la direction de la Société GROUPE LDLC.

Chacune des Parties susvisées pourra solliciter la révision du présent accord selon les modalités suivantes :

Toute demande de révision devra être adressée par lettre recommandée avec accusé de réception à chacune des autres Parties signataires ou adhérentes, et comporter, outre l'indication des dispositions dont la révision est demandée, des propositions de remplacement ;

Le plus rapidement possible, et au plus tard dans un délai de 3 mois suivant la réception de cette lettre, les Parties sus-indiquées devront ouvrir une négociation en vue de la rédaction d'un nouveau texte ;

Les dispositions de l'accord dont la révision est demandée resteront en vigueur jusqu'à la conclusion d'un nouvel accord ou, à défaut, seront maintenues ;

Les dispositions de l'avenant portant révision se substitueront de plein droit à celles de l'accord qu'elles modifient.

Conformément aux dispositions des articles L.2261-9 et suivants du Code du travail, il pourra être dénoncé par chacune des Parties signataires (Direction et syndicats) ou adhérentes, sous réserve d'un délai de prévenance de 3 mois.

La dénonciation devra être notifiée par lettre recommandée avec accusé de réception à chacune des autres Parties signataires, ou ayant adhéré à l'accord postérieurement à sa signature, ainsi qu'à la Direction Régionale des Entreprises, de la Concurrence, de la Consommation, du Travail et de l'Emploi (DIRECCTE).

Dans ce cas, la Direction et les signataires de l'accord se réuniront pendant la durée du préavis pour discuter les possibilités d'un nouvel accord.

L'accord dénoncé continuera à produire effet jusqu'à l'entrée en vigueur du nouvel accord qui lui est substitué ou, à défaut, pendant une durée d'un an à compter de l'expiration du préavis de 3 mois.

Article 9 : Publicité – Dépôt

Le présent accord sera notifié par la Direction à l'ensemble des organisations syndicales représentatives.

Conformément aux dispositions des articles L. 2231-6, D. 2231-2 et suivants du Code du travail, le présent accord sera déposé sous forme dématérialisée sur la plate-forme « Télé Accords ».

Un exemplaire papier sera déposé auprès du secrétariat du greffe du Conseil de prud'hommes de Lyon.

L'existence de cet accord collectif figurera aux emplacements réservés à la communication avec le Personnel au sein de la Société.

Cet accord peut être consulté par chaque salarié auprès de la Direction des Ressources humaines et sera publié sur l'intranet du Groupe LDLC, dans la section réservée à cet effet.

Conformément aux dispositions en vigueur, le présent accord fera l'objet d'une publication dans une base de données nationale.

Fait à Limonest, le 18/12/2020

En 6 exemplaires originaux, dont un pour chacune des parties et un exemplaire pour les formalités de dépôt.

Pour la Société Groupe LDLC Pour la CFDT
Pour la CGT Pour la CFE-CGC
Pour la CFE-CGC

ANNEXE 1 : SALARIES TEMPS PARTIEL – REAJUSTEMENT DE REMUNERATION

Exemple théorique :

Salarié relevant d'un temps partiel d'une durée de 30 heures hebdomadaires (soit 130h/mois), pour une rémunération brute de 1500 € (soit un taux horaire de 11,54 €). Soit sur la base de 35 heures (151.67/mois) un salaire de 1750€

Un salarié à temps plein (35h/hebdomadaire, soit 151,67h/mois), pour un taux horaire identique (11,54€), perçoit 1750 € bruts mensuels. Ces salariés, lors du passage à la semaine de travail sur 4 jours (se traduisant par une durée hebdomadaire de 32 heures, soit 138,67/mois) verront leur rémunération mensuelle brute maintenue, ce qui mécaniquement augmentera leur taux horaire (celui-ci passant à 12,62 € (soit 1750 / 138,67)

Par conséquent, un salarié qui conserve sa durée hebdomadaire à 30 heures, sera rémunéré 1640.60 € (130 h x 12,62 €).

Achevé d'imprimer en France

Dépôt légal : Mars 2023
N° d'impression : 174618